La forma más sencilla de analizar a las personas

Aprende a leer a las personas, entender su lenguaje corporal y descubre lo que siempre te perdiste en las conversaciones

LETICIA CABALLERO

Copyright 2019 © Leticia Caballero

Todos los derechos reservados.

Nota legal

El siguiente documento se reproduce a continuación con el objetivo de proporcionar información lo más precisa y confiable posible.

Esta declaración se considera justa y válida tanto por el Colegio de Abogados de los Estados Unidos como por el Comité de la Asociación de Editores y es legalmente vinculante en todo Estados Unidos.

Además, la transmisión, duplicación o reproducción de cualquier parte del siguiente trabajo, incluida la información específica, se considerará un acto ilegal, independientemente de si se realiza de forma electrónica o impresa. Esto se extiende a la creación de una copia secundaria o terciaria del trabajo o una copia grabada y solo se permite con un consentimiento expreso por escrito del editor. Todos los derechos reservados.

La información en las siguientes páginas se considera en general como una descripción veraz y precisa de los hechos y, como tal, cualquier falta de atención, uso o mal uso de los datos en cuestión por parte del lector, hará que las acciones resultantes sean únicamente de su competencia. No hay escenarios en los que el editor o el autor original de este trabajo puedan ser considerados responsables de cualquier dificultad o daño que pueda ocurrirle al lector tras analizar la información aquí descrita.

Además, la información en las siguientes páginas está destinada únicamente a fines informativos y, por lo tanto, debe considerarse como universal. Como corresponde a su naturaleza, la información presentada no garantiza su validez ni su calidad provisional. Las menciones a marcas comerciales se realizan sin consentimiento por escrito y de ninguna manera puede considerarse que hay un respaldo del titular de la marca comercial.

Índice

Introducción

¿Te imaginas mudarte a un país donde desconoces el idioma? ¿lo difícil que puede ser intentar comunicarte sin diccionario, traductor o información de cuál es el significado de las palabras? Estarías absolutamente perdido y se te escaparía la mitad de los temas de conversación. Tener que estudiar, trabajar y socializar con gente que no entiendes ni la mitad de lo que dicen, te pondrías en desventaja y fácilmente podrías rodearte de personas que buscan abusar de esa debilidad tuya. Es la vulnerabilidad más grande que puedo imaginar: que todo el mundo se comunique alrededor tuyo, pero tú no puedas entender lo que dicen, ¡o peor! creas que entiendes, pero no lo hagas. Es aislamiento, vulnerabilidad y riesgo. Además, es algo muy triste y solitario, porque el ser humano es un animal social y necesita del contacto con otros para mantener su sanidad mental.

Entonces, ¿por qué tan pocas personas le prestan atención al lenguaje no verbal, si transmite gran parte del significado de lo que dicen todos quienes nos rodean? Al no aprender a leer las señales corporales de una conversación, estamos como nuestro hipotético emigrante a un país del que desconoce el idioma: ajenos a una conversación que se desarrolla a nuestro lado, una conversación que puede tratar sobre temas que nos atañen y ser vital para nuestro futuro y para el desarrollo de amistades, contactos o relaciones que deseamos forjar.

¿Qué hace una persona cuando emigra a un país donde no habla el idioma? Aprenderlo.

Y nunca es tarde, es el momento de empezar a entender las conversaciones que se desarrollan a centímetros de distancia y que siempre te perdiste. Entender más a tus amigos, familiares y colegas, deshacerte de las personas falsas y las manipuladoras e identificar a quienes merecen tu tiempo.

Una frase muy popular dice "cuanto más conozco a las personas más quiero a mi perro" y la misma siempre me llamó la atención.

Los animales se comunican con nosotros solo con lenguaje no verbal, ¿por qué valoramos ese lenguaje en los perros? porque es más difícil mentir con el cuerpo que con las palabras. ¡Y las personas también hablan con sus cuerpos! No tan claramente como un perro, no mueven la cola al vernos ni muestran los dientes cuando están enojados, pero una vez que entendemos cómo leer a las personas, es tan fácil como ver que un perro nos mueve la cola y se pone panza arriba o se le tensan los músculos y gruñe.

Te invito a empezar a descubrir y entender un mundo en el que siempre te moviste y que siempre afectó tu vida, pero que desconocías. Quiero que dejes de acariciar humanos que te están mostrando los dientes en señal de advertencia y empieces a notar la gente receptiva y sana que te rodea.

No todas las personalidades se llevan con todas, pero sabiendo qué esperar te podrás deshacer de gran parte de la ansiedad social que te genera el tener que interactuar con personas que, a tus ojos, son impredecibles. ¡Aprende a mirar las señales que te mandan, lo que realmente están diciendo y cómo responde tu propio cuerpo! Ah, porque me olvidé de decirlo: mientras que es posible no entender el lenguaje no verbal de los otros, siempre lo estás hablando y, cuanto menos conoces, menos filtro tienes de lo que dices. Lo hablas todo el tiempo y en todo momento. Siempre estás diciendo cosas con tu cuerpo. Le estás diciendo a tu jefe si te interesa o no lo que cuenta en la reunión, a tu pareja qué es lo que piensas de su nuevo peinado y a tus clientes cuál es la razón por la que dudas en hacer esa venta.

El único consuelo que puedo darte ahora que te has dado cuenta de que vives ventilando todos tus secretos la mayor parte del tiempo, es que no todas las personas son capaces de leer las señales no verbales de la comunicación con igual exactitud. Por eso es que *entender* se vuelve una ventaja evolutiva.

Algunas de las cosas que dicen los cuerpos seguro ya las tradujiste por instinto: una voz con duda, unos brazos cruzados o un ceño fruncido, son cosas que todos sabemos. Son las palabras básicas que tenemos que saber al viajar: "gracias", "por favor", "¿cuánto?" y "baño", con eso podemos arreglarnos al turistear, pero parece ridículo que intentemos vivir nuestra vida entera con un vocabulario tan limitado.

Entonces, ¿por qué conformarnos con ir por la vida solo con vocabulario de turista? En las próximas páginas te enseñaré a conocer la ciencia detrás del lenguaje no verbal, que me gusta llamar la "lingüística del cuerpo".

Con la lingüística del cuerpo, aprenderás a identificar tipos de personalidades y cómo reaccionar ante ellas. Se te hará más fácil leer y predecir el comportamiento de las personas que te rodean, ganando beneficios estratégicos y en confianza personal. También te explicaré detalladamente las ventajas que tendrás al tener este conocimiento en tus manos y trabajaremos sobre los diferentes puntos de observación y la traducción de un mensaje completo. Tendremos un capítulo dedicado exclusivamente al arte de la persuasión, para que puedas sacar el mejor provecho a tus nuevos conocimientos y cómo protegernos de quienes quieren usar estas técnicas contra nosotros.

Además, ¿cuántas personas tóxicas te has cruzado en tu día a día?¿cuántas te gustaría haber identificado más rápidamente? Seguramente a todas. Veremos la forma de identificar este tipo de individuos y evitar caer en sus manipulaciones.

Una vez que empieces a entender el lenguaje no verbal y a analizar a las personas que te rodean, no podrás dejar de hacerlo y de llevar este conocimiento a todas las áreas de la vida.

Quiero contarte una de las cientos de anécdotas que tengo, para explicar la importancia de esto que estás por descubrir: Una consultante mía, a quien empecé a asesorar en el tema del lenguaje corporal, vino porque nunca lograba quedar en las entrevistas de trabajo. Había ido a incontables entrevistas y no entendía qué hacía mal, lo había hablado con todo el mundo y sus calificaciones eran más que suficientes para los puestos a los que aspiraba. Cuando realicé un simulacro de entrevista con ella, fue obvio por qué nunca la tomaban. Al hablar con el entrevistador y responder preguntas sobre su formación, se tapaba groseramente la boca después de responder. El taparse la boca después de decir algo se entiende como arrepentimiento o mentira, se lee en lenguaje corporal como un "no debí decir eso" y un instinto evolutivo nos hace desconfiar. La pregunta que seguía era, ¿mi clienta estaba mintiendo en su currículum al decir su formación? No, ella se había recibido en una prestigiosa universidad, pero sentía que no lo merecía porque había pasado por una situación de humillación pública donde la habían convencido de que no merecía sentirse orgullosa de sus logros, por eso los decía con vergüenza, casi sintiéndose culpable de haber alcanzado su título. Eso la hacía taparse la boca después de hablar de sus méritos, lo cual se interpreta subconscientemente como "está mintiendo".

El lenguaje corporal es también una puerta al subconsciente, porque en este caso, no se trataba de una mentira, sino de una creencia adquirida. Ella estaba comunicándole a todo el mundo lo que nunca había procesado, al verlo y empezar a trabajarlo, logró destrabar ese trauma y superar sus limitaciones impuestas.

Podría contarte muchas más experiencias de personas que cambiaron su forma de enfrentar el mundo al entender el lenguaje no verbal propio y de los otros, al hacerse lingüistas del cuerpo, pero quiero explicarte primero qué va a cambiar en tu vida con este libro.

Todos tenemos metas, aspiraciones y sueños, pero las barreras más importantes que separan a las personas de sus deseos, no son externas; son internas. Subconscientemente, todos sabemos hablar el lenguaje no verbal, hay algo *instintivo* en ello, pero cuando existe una traba, en lugar de ir a pedir un favor a la persona receptiva, uno escoge a la persona que dirá que no. También, a veces rechazamos cosas con el cuerpo, cuando mentalmente las deseamos o provocamos peleas sin darnos cuenta. Desconocer el lenguaje no verbal es andar inconscientemente por la vida, dando tumbos sin ver.

Antonin Artaud, novelista, director y actor francés, iba más allá y llegó a decir: "Al asesinar al lenguaje verbal, estamos asesinando al padre de todas nuestras confusiones. Por fin seremos libres. Esto vale no sólo para el teatro. Seremos hombres libres en todo aspecto de nuestra vida". No quiero ir tan lejos, el lenguaje verbal es también importante para la comunicación, ¡pero cuántos malentendidos te podrías ahorrar de prestar más atención a lo que dicen los gestos y el cuerpo! ¡de cuántas libertades gozarias!

Piensa un segundo en cuántas puertas se te han cerrado sin que entiendas la razón, cuántos desplantes sufriste sin encontrarles sentido, cuántas veces alguien te dijo que sí pero después incumplió, ¿y si hubieras sido capaz de evitarlo, de entenderlo, de predecirlo? De eso trata este libro, de darte herramientas para que no salgas a la calle sin un diccionario de lo que todo el mundo habla, de que puedas empezar a entender lo que dicen y a conocer lo que tú dices sin darte cuenta.

Este es el resultado de años de investigación y conocimiento, sintetizado para que sea fácil de entender, sin vueltas, sin tecnicismos complicados ni necesidad de conocimientos previos y, principalmente, sin taparme la boca después de hablarte.

Capítulo Uno:

Siempre Soy Emisor De Un Mensaje En Relación Con Otros

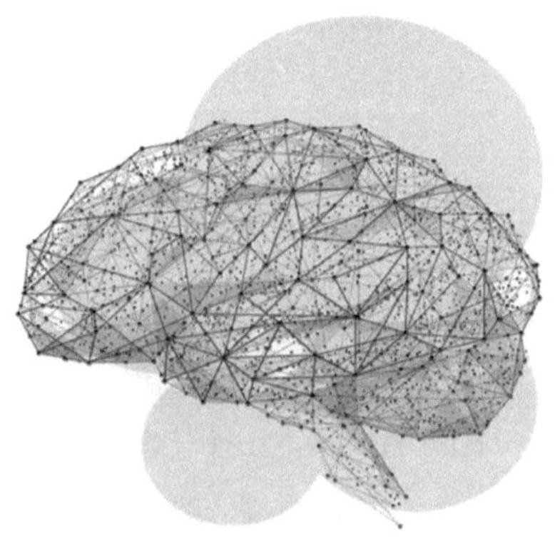

Por el siglo IV a.C., Aristóteles afirmó que el hombre es un *Zoon politikón*, refiriéndose que el hombre es un animal político, entendiéndose "político" como habitante de la ciudad Griega, habitante de la *polis*. Desde este momento se puede identificar un reconocimiento a la importancia de lo "en relación con el otro" y lo "comunitario"de las personas, desprendiéndose una tajante afirmación: el ser humano es un animal social.

Resulta casi imposible imaginar un desarrollo humano sin la presencia de los otros. Sin la interacción de las personas no existirían la cultura, el comercio, el conocimiento, la reproducción, no habría *humanidad*. La supervivencia de la raza está marcada por su interconexión de individuos, por su construcción de *polis* o, en términos menos aristotélicos: por su capacidad de interacción colectiva.

Esta interacción colectiva está sostenida en la comunicación y en pactos tácitos necesarios para la vida en comunidad, pero principalmente se sostiene en la capacidad humana de interactuar y comunicarse con otros seres humanos por medio del lenguaje.

El lenguaje no es únicamente lo que sale de nuestra boca o lo que está contenido en los diccionarios, es el conjunto de información verbal y no verbal que usamos para intercambiar información. Actualmente, se cree que más del

70% de la información que intercambiamos los seres humanos entre nosotros es no verbal y es transmitida por la corporalidad.

En el siglo pasado, Paul Ekman empezó a estudiar las expresiones faciales y las microexpresiones, que hasta ese entonces estaban asociadas con una cuestión cultural, y teorizó que muchas son universales. Concordantemente con Darwin, planteó que esta universalidad de expresiones básicas son una característica evolutiva y no cultural.

Lo cultural también genera un ámbito comunicacional sectorizado, pero se trata de expresiones conocidas por todos los habitantes de un entorno cultural y, por lo tanto, son expresiones conscientes y no necesitan de un análisis lingüístico de lo corporal. Por ejemplo, aunque en algunos países el mostrar la palma de la mano en señal de "stop" implica que se busca que algo o alguien se detenga, en otros esto es un insulto. Por el contrario, hay otras cosas que son una característica cuasi biológica, mover mucho la pierna bajo la mesa significa lo mismo en todas las culturas, es una muestra de ansiedad generalmente poco tolerada por lo molesto para los otros y aquí es donde vamos a indagar.

Vivimos una popularización de temas que antes eran territorio exclusivo de psicólogos, antropólogos y etólogos. Estos postulados sobre la importancia de las microexpresiones, de la conducta y de la corporalidad, actualmente fueron capitalizados y masificados por series de detectives, *Lie to me*, *The Mentalist*, *Sherlock BBC* e infinidad de policiales donde agentes del FBI analizan una ceja, una forma de sostener una copa y que, con mayor o menor base científica, llegan a exuberantes conclusiones, pero la banalización del estudio del lenguaje corporal como entretenimiento tiene efectos interesantes en la sociedad. Una mayor difusión de la importancia del cuerpo en la comunicación, creará emisores más atentos y receptores más perceptivos. ¿Estamos a las puertas de una revalorización de la comunicación no verbal? Los estudiosos de este campo esperamos que sí, porque la riqueza del mensaje del gesto es inconmensurable y merece su reconocimiento.

Somos El Emisor Más Importante De Nuestras Vidas

En el esquema de la comunicación de Jakobson destaca la existencia de un emisor, de un mensaje y de un receptor.

Para poder entender la comunicación no verbal, primero tenemos que entendernos como constantes emisores de mensajes, incluso cuando no lo deseamos. Entendernos a nosotros mismos, para así poder entender las gestualidades en otros es primordial. A veces quienes creen entenderse y comprender a los demás, pero cometen una y otra vez errores sociales basados en la incomprensión de la corporalidad, viven con la falsa creencia de conocerse. Es imprescindible el observarse a uno antes de observar a los otros, porque, si fallamos en observar a un emisor con el que convivimos en todo momento como nosotros mismos, ¿cómo podemos esperar captar información de otros en el microsegundo que duran algunos gestos?

Te propongo un juego, porque no es la idea de este libro detenernos en teorías complejas, sino llevar un conocimiento a la práctica y simplificarte la interacción con los otros para que puedas sentirte más cómodo y disfrutes de innumerables beneficios y ventajas evolutivas.

La próxima conversación que tengas, detente un segundo. Toma nota de las siguientes observaciones:

- ¿Dónde están tus manos?

- ¿Cómo están colocadas?

- ¿Cómo están tus piernas? ¿en qué postura?

- ¿Cuál es la inclinación de tu cabeza?¿miras a tu interlocutor a los ojos?

- ¿Te tocas el rostro?¿dónde y en qué momentos?

- Si la conversación se lleva adelante con una mesa de por medio, ¿cuál es tu ubicación en el espacio? ¿ocupas menos de tu mitad de la mesa o te extiendes por sobre el espacio de los otros?

- ¿Con qué distancia le hablas a las personas?

- Si llevas adelante la conversación con varias personas, ¿hacia quién apuntan tus pies?

Toma nota mental de cada observación que hagas de tu cuerpo y trata de actuar con naturalidad, porque es probable que al empezar a prestar atención a estas señales intentes controlarlas o las alteres de alguna manera. Lo ideal es una charla en un café con un espejo a espaldas de tu interlocutor, para que puedas mirar de reojo tus expresiones faciales. A veces no notamos el movimiento casi imperceptible de los músculos de nuestro rostro porque estamos muy acostumbrados a dejarlos exclusivamente bajo el control de nuestras emociones. Puede ser desconsiderado que observes tu reflejo, por eso lo mejor es tener la conversación de prueba con alguien con quien tengas mucha confianza. Intentalo una, dos, tres veces, las que sean necesarias para que el prestar atención a los movimientos que realices se convierta en una segunda naturaleza, casi como una subrutina que corres por debajo de tu accionar diario para llevar este registro. Seguro te sorprenderás de la cantidad de veces que tocas tu rostro, de que a veces favoreces un lado y otras veces otro, de que no te sientas de igual manera con diferentes personas y de que, a veces, las diferencias son sutiles y otras gigantescas.

Otro buen lugar para la auto-observación es el transporte público, ese espacio donde somos solo cuerpos trasladados de un lugar a otro y todos tratan de aislarse en su propio mundo interno o en su celular para que el tiempo pase rápido. Si el transporte está muy lleno, revisa tu comportamiento al roce de los otros, ¿te corres rápidamente? ¿toleras el contacto con tensión o te es indiferente? ¿usas poco o mucho espacio? ¿te sostienes de los pasamanos altos, los verticales o de los asientos de otros pasajeros? Prueba sonreír y observa a los demás. Prueba fruncir el ceño y lucir enojado, y observa la reacción de los demás. ¿Cuál te es más natural? ¿qué notas en los otros pasajeros? Si bien es preferible realizar la observación en momentos de naturalidad, este tipo de experimentos permiten mantener una atención activa, ya que es normal que, especialmente al inicio, olvides que estás prestando atención. Por lo tanto te aconsejo que hagas pequeños experimentos durante el día: daré la mano izquierda, en lugar de la derecha, y podré prestar más atención al apretón de manos que recibo, copiaré cómo está sentada la persona de enfrente para ver qué produce en mí esa postura, ¿cómo reacciona la otra persona al ver que, sutilmente, imito su forma de sentarse? Son todos experimentos inofensivos que te irán dando nueva información y mayor capacidad de atención.

Como lingüista corporal, creo que mostrar es más claro que decir con palabras, por eso quiero brindarte algunos ejemplos de lectura del lenguaje no verbal que te ayudarán a percibir la diferencia entre manejarse por el mundo entendiendo esta forma de comunicación y sin entenderla. ¡Es como ir caminando por el medio de la calle con los ojos cerrados!

El Vendedor Poco Observador

Estaba en una conocida tienda de electrodomésticos de mi ciudad, observando a un vendedor explicarle a dos clientes las maravillas de un nuevo modelo de televisor. Los clientes eran un matrimonio de mediana edad. Era obvio que el vendedor necesitaba realizar la venta y ponía todo su empeño en ello, seguramente su comisión dependía de poder vender aquel televisor. El hombre miraba hacia otro lado, dejando que la conversación recayera entre su esposa y el vendedor. Parecía, que la señora estaba interesada en comprar el televisor y el vendedor ponía todo de sí para cerrar el trato. En el mundo de los negocios, el tiempo es dinero y un empleado puede atender a uno o dos clientes, cuando mucho a la vez. Elegir el cliente predispuesto a comprar resulta importante y el vendedor estaba pasando por alto las señales no verbales de la pareja. La mujer, mientras fingía interés, no dejaba de frotarse detrás de la oreja. El frotar la oreja o incluso tapar el conducto auditivo es el equivalente a querer bloquear las palabras que escuchamos, porque no queremos escuchar más. Cuanto más hablaba el vendedor de las pulgadas, la calidad y las prestaciones del aparato que pretendía vender, más estaba cansando a su clienta, mientras que el marido, que inicialmente había tenido sus pies apuntando al vendedor prestándole atención, ahora apuntaban hacia otro lugar.

Habrá estado quince minutos intentando venderles a clientes cada vez menos predispuestos a comprar, mientras que otros clientes eran captados por otros vendedores y salían con sus productos. De haber sido capaz de leer las señales no verbales, habría notado la chica cerca de los celulares que revisaba su billetera para cerciorarse de tener el dinero para realizar la compra o la otra pareja que sopesaba dos modelos de tostadoras sin decidirse. Eran ventas más pequeñas que el televisor, pero más seguras. Finalmente, la pareja se alejó sin comprar y la mujer refunfuñando sobre lo pesado del vendedor. Habían ocurrido dos conversaciones paralelas, la del vendedor de: compre, compre, compre, mostrando las palmas y frotándolas por momentos, al imaginar su comisión, y la de la pareja, cada vez más alienados de lo que el empleado de la tienda decía, incluso rogando porque se calle.

De haber notado que estaba perdiendo a su audiencia, el vendedor podría haber cambiado el acercamiento a la venta u optar por dejarlos mirar sin su intervención, priorizando otras ventas. En el tiempo que estuvo con la reacia pareja, se le escaparon varios clientes más receptivos e incluso, el gerente, lo observó de lejos con expresión de reproche. Todo por no escuchar las señales del lenguaje no verbal.

¿Quién Manda Aquí?

Antes de recibirme en la universidad, trabajaba como secretaria en una empresa pequeña. Yo trabajaba directamente para uno de los gerentes, hijo mayor del director. Había entrado hacía poco con otras chicas y, a diferencia de las demás, yo nunca había tomado gran familiaridad con el gerente, quizás por mi personalidad más observadora, tal vez por precaución. Como normalmente estaba en la habitación cuando se entrevistaba con clientes y otros empleados, sirviendo el café o trayendo fotocopias, siempre observaba lo que ocurría en el escritorio.

Las palmas de la mano y su posición dice mucho de la relación entre las personas. En ese momento no lo sabía, pero hay tres posturas en las cuales se puede poner la palma humana: hacia arriba, en posición de sumisión; hacia abajo, en posición dominante, mostrando el dorso de la mano; y hacia abajo apuntando con un dedo, en posición agresiva.

El gerente, cuando trataba conmigo y con los empleados, siempre tenía las palmas hacia abajo, normalmente apoyadas sobre la mesa. A pesar de tener una relación muy informal con algunas de las administrativas que habían entrado a trabajar al mismo tiempo que yo, siempre mantenía las manos en ese tipo de posturas, mostrando el dorso de la mano. Como éramos nuevas en la empresa, no conocíamos al director, solo sabíamos que era el padre del gerente de ventas al que nosotras respondíamos y que, a diferencia de nuestro jefe inmediato, era forjado a la vieja escuela y muy respetuoso del protocolo.

Una mañana, al llegar a la oficina, me doy cuenta que el gerente está con alguien en la oficina. Por la ventana noto algo en su postura que llama mi atención y, en lugar de interrumpir, preferí esperar en la puerta de su oficina. Me quedé mirando, tratando de entender qué era lo diferente y una compañera entró a la oficina con la actitud informal con la que siempre lo trataba, incluso frente a los clientes. Ahí fue cuando lo noté: las palmas del gerente estaban hacia arriba mientras hablaba con el otro hombre, estaba en situación de sumisión. Resultó que estaba hablando con el director de la compañía, a quien no le cayó nada bien la informalidad de mi compañera de trabajo.

Este tipo de sutilezas pueden ahorrar muchos malos momentos y represalias innecesarias. Si ella hubiera notado la forma en la que el gerente se comportaba frente a su interlocutor, habría notado que había una relación de superioridad jerárquica y no habría interrumpido lo que era una reunión importante.

El Novio Peligroso

Una de mis mejores amigas me invitó a comer a su casa, iban otras personas e iba a estar el hombre con el que había empezado a salir y del que no paraba de hablar. Al llegar, me lo presentó y él me dió la mano. Mucho se puede decir de un apretón de manos: puede transmitir una intención de dominio al buscar que tu palma quede hacia arriba, mientras que la otra persona toma la posición dominante con la palma hacia abajo o una actitud sumisa al dejar la palma expuesta. Es normal que los hombres tengan un tipo de apretón dominante porque se les inculca desde pequeños que un apretón fuerte es parte de una actitud masculina, pero cuando uno sabe encontrar un punto medio y de respeto donde el apretón es vertical y la otra persona sigue buscando el dominio hasta convertir el apretón en un "triturador de nudillos", la impresión, más que de una persona naturalmente fuerte, es la de alguien agresivo y necesitado de probar su imagen por la fuerza. En mi vida profesional y experiencia personal, he encontrado muy pocos hombres que tengan este tipo de apretón con las mujeres. No era mi lugar comentar nada de esto, pero me alertó de que era una persona de reacciones impulsivas.

Mi amiga me había adelantado que su nueva pareja era divorciado, así que cuando el tema salió durante la cena lo observé especialmente. Al hablar de la buena relación que mantenía con su ex mujer, no pudo contener una negación con la cabeza. Su boca decía una cosa, pero su cerebro sabía que la verdad era otra. Mientras que una técnica de ventas y persuasión, para convencer a los otros de lo que uno dice es verdad, se fuerza el asentir al mismo tiempo que se dice el comentario, el negar con la cabeza es un reflejo que delata la mentira. El novio de mi amiga era un mentiroso, ¡y un mal mentiroso!

La noche terminó con un sentimiento de angustia. Todos los mensajes no verbales del nuevo novio indicaban peligro, agresividad contenida y mentiras, pero yo todavía estaba aprendiendo a confiar en mis instintos como lingüista corporal. Opté por no decir nada. A los pocos meses me llamó mi amiga desde el hospital, había tenido una pelea con su novio que terminó en un hecho de violencia.

Este ejemplo lo doy con mucha culpa por no haber actuado en su momento y, principalmente, para que puedas, al terminar este libro, empezar a animarte a confiar en tus lecturas. Los instintos están ahí en la memoria biológica, el lenguaje no verbal nos es natural, solo que con el avance de la palabra oral y escrita, nos hemos distanciado de él. Con el conocimiento adecuado, será como despertar instintos dormidos y reconectarse con el cuerpo propio y de los otros. Las comunidades se conforman en base a la comunicación, la no verbal es parte íntegra de nosotros mismos. Siempre somos emisores de mensajes corporales y estamos rodeados de otros emisores, hay que aprovechar este canal comunicacional para reconocer las señales de advertencia involuntarias que las personas sin entrenamiento envían y prepararse para el reto de reconocer las señales más pequeñas que dan quienes sí son buenos mentirosos y manipuladores, porque ellos son los más peligrosos.

Capítulo Dos:

La Personalidad, El Espejo Del Interior Y Cómo Mirarlo

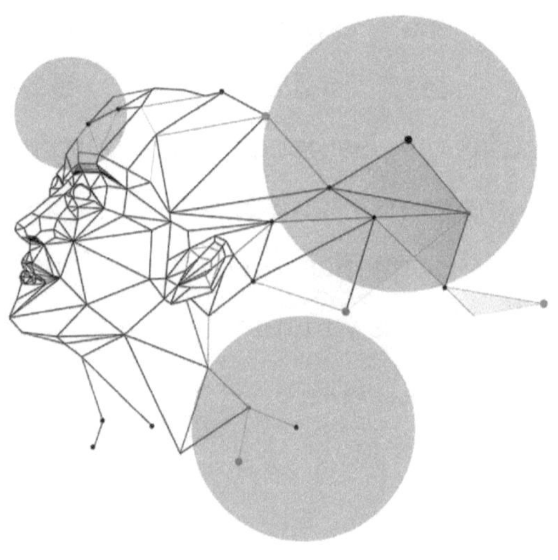

Los tipos de personalidad existentes han desvelado a los psicólogos, científicos, divulgadores, filósofos y hasta astrólogos. Comprender qué tipos de personalidades nos rodean es muy útil para establecer relaciones eficaces con otras personas y ayudarnos a leerlas mejor. Además, ayuda al autoconocimiento y perfeccionamiento.

Desde los tipos de personalidades propuestos por Carl Gustav Jung, los arquetipos de George I. Gurdjieff, los doce signos del zodiaco e infinidad de teorías más o menos probadas y difundidas, los tipos de personalidades parecen haber obsesionado a la humanidad por siglos.

Este libro no promulga que entender las personalidades sea el centro del estudio de la lingüística corporal, pero reconozco que es una ayuda inicial para ir encuadrando a la gente y saber a quienes tendremos que tener más bajo el microscopio para poder entender lo que están pensando. Actualmente, está tomando fuerza una postura científica publicada en la revista *Nature Human Behavior* que estudió cinco dimensiones de la personalidad para generar sus categorías: neuroticismo, extraversión, amabilidad, apertura a nuevas experiencias y responsabilidad, y en ella vamos a explayarnos porque resulta básica y clara, funcionando bien como una herramienta para la lingüística corporal. .

El proyecto de investigación del que surge esta teoría, dirigido por Luis Amaral de Northwest Engineering y conformado con una base de datos de más de 1.5 millones de encuestados, creó cuatro categorías de personalidades: "en la media", "reservados", "centrados en sí mismos" y "modelos a seguir".

En la media

Por más que suene incluso ofensivo ser ubicado en la media, esta sería el referente a una persona sana de características normales. La mayoría entramos en esta categoría y esto significa que hablamos un lenguaje corporal similar. Las personas en la media muestran rasgos normales de responsabilidad y amabilidad; son moderadamente extrovertidos y sufren una inestabilidad emocional un poco más que los Reservados, pero nada patológico. También se considera que son medianamente propensos a buscar nuevas experiencias y aprendizajes.

Reservados

Las personalidades reservadas cuentan con altos niveles de estabilidad emocional y un carácter normal, sin ser abiertos ni neuróticos. No son la persona más extrovertida de una fiesta, pero se presentan como amables y responsables. Es fácil reconocer a una persona reservada porque tienden a evitar el contacto visual y mantienen una burbuja de espacio personal más amplia que los demás alrededor de ellos. Reaccionan mal a los sonidos fuertes, especialmente a los gritos o voces altas y tienden a mantener un manejo del espacio más contenido, una persona reservada no dejará sus pertenencias por toda superficie que encuentre, las mantendrá cerca.

Egocéntricos

Hay algo en ellos que nos "hace ruido". Son muy extrovertidos, pero no hay sinceridad en esta forma de presentarse. Además, como el nombre lo indica, son personalidades egocéntricas. Este tipo de personalidad está presente mayormente en adolescentes, porque es el momento donde se afianza la individualidad, pero también en adultos con personalidad tóxica. Lo que es "sano" en la adolescencia de vivir posando para la foto, siempre estar atento a la opinión de los otros y cubrir las inseguridades con soberbia, se vuelve patológico cuando la encontramos en una persona adulta. Podemos identificar este tipo de personalidades porque no dejan que los otros terminen las frases, casi siempre centrados en sus opiniones sin tener en consideración la existencia del otro.

Modelos a seguir

Son personalidades líderes, emocionalmente estables y trabajadores. Son personalidades más "maduras", muy raras en personas jóvenes, lo que no quiere decir que todas las personas de edad lleguen a ser modelos. Una característica de una personalidad modelo es su capacidad de escuchar, notarás que son personas que meditan lo que van a decir y tienen en cuenta la opinión de los otros. Corporalmente, los modelos tenderán a tocarse más la barbilla al escuchar a los otros hablar.

La Personalidad No Es Estática

Las personalidades según estos cuatro tipos son solo orientativas, porque no será lo mismo leer el lenguaje no verbal de una persona reservada que de una egocéntrica. Igualmente y como adelanté durante el desarrollo de estas cuatro categorías: las categorías no se aplican al nacer, mutan y evolucionan con el tiempo. Mientras que las personalidades autocéntricas son normales en la adolescencia, conforme maduramos es normal ganar en amabilidad, responsabilidad y relaciones con los otros. En nosotros esto influirá en la lectura que hagamos de alguien, porque una persona que notemos reservada se leerá de manera diferente que una media.

Cuando notemos que un individuo tiene una personalidad principalmente reservada, hay posturas que adquirirá que no son necesariamente indicativos de mensajes no verbales; es la forma en la que siempre se proyecta. Mientras, que las mismas acciones en una persona de características egocéntricas y alta extroversión, se entenderán de manera muy opuesta.

No hay recetas mágicas para adecuar la lectura a cada persona, es una cuestión de prueba y error y de ir registrando más conscientemente a las personas a nuestro alrededor. Es probable que casi toda la información de este libro pueda aplicarse a la mayoría de los individuos con personalidades dentro de la media, mientras que las personas reservadas, egocéntricas y modelo necesitarán de la toma en consideración de sus actitudes propias de la personalidad. Para poder hacer una lectura completa y acertada de alguien, hay que saber leer los gestos pero también compaginar esta lectura con su personalidad natural. De no poder tomar en cuenta la personalidad intrínseca de la persona, podremos hacer una lectura, pero será mucho más superficial y más propensa a errores de lectura.

Las Personas Más Cercanas

Para tratar de sacar la personalidad de una persona y no solo encuadrarla en los cuatro arquetipos básicos, podemos observar ciertas características físicas muy notorias. También, es importante tener en cuenta la cercanía que uno tiene con la persona que quiere leer. Los psicólogos, por ejemplo, no pueden tratar a sus hijos o seres cercanos, lo mismo no es recomendable para médicos y otros profesionales, porque la cercanía puede nublar su juicio.

Un tema a tener en cuenta será la edad de la persona, porque los individuos más jóvenes están forjando su personalidad y, si bien usan también lenguaje no verbal y es probable que sean mucho más francos con él que las personas adultas, es importante tener en cuenta su volubilidad y energía inherente a la juventud. A veces los jóvenes se enfocan menos en las cosas, lo cual puede superponer mensajes. Antes de considerar que un adolescente está mintiendo en lo que dice por un mensaje no verbal que logramos entender, es importante preguntarnos si no está pensando en varias cosas a la vez y su atención no salta entre esos pensamientos. También, es posible que las personalidades reservadas sean todavía más drásticas en la adolescencia, causando que una persona reservada se presente como un joven excesivamente tímido que jamás hace contacto visual.

Cuando leas corporalmente a hijos o personas muy cercanas, es importante que tengas siempre presente tus propias expectativas y prejuicios, porque puede ser que te estás predisponiendo a un tipo de respuesta y eso llevará a que busques todos los indicios que sirvan para afianzar tu supuesto. Llamo a esto una "profecía autocumplida" y es algo muy peligroso de empezar a leer a las otras personas, por lo cual siempre es importante primero leerse y conocerse a uno mismo. Es bueno hacernos preguntas: ¿Yo tengo una expectativa en esta interrogante? ¿cuál es mi expectativa? ¿estoy haciendo una observación objetiva o solo busco los signos que sirvan para confirmar mi expectativa?

Por ejemplo, si crees que tu hijo te miente con algo y buscas solo indicios de mentira, probablemente los encuentres. Es preferible que hagas énfasis en la importancia de tu confianza y cómo la depositas en él para que la cuide. Revisa tus mensajes corporales: ¿estás irradiando comprensión, agresividad, empatía? Ten en cuenta que somos susceptibles a los mensajes corporales desde lo emocional a muy temprana edad, no es necesario estudiar lingüística corporal para tener una reacción emotiva profunda a un mensaje. También las circunstancias en las cuales leemos a una persona afectarán su reacción, el estrés a veces no es producto de la mentira, sino de la situación en la cual está.

Lo que quiero decir es que si bien la lingüística corporal es imprescindible para movernos en el mundo social, es una tentación caer en la desconfianza patológica de todos los que te rodean. Por esto mismo, es muy importante que el primer sujeto de observación seas tú mismo. Tus límites, tus emociones, tus reacciones y preconceptos de la gente deben ser más conocidos por ti que las vocales. El momento para leer una persona es un segundo, es instinto, observación y conocimiento conjugados en una danza perfecta que lleva a un resultado. Este resultado puede marcar las futuras interacciones con otro individuo o marcarnos a nosotros. No busco generarte dudas; tienes las principales herramientas para poder hacer esta conjunción de factores en tus manos, pero nunca obtendrás una lectura "limpia" y acertada si no conoces primero tus preconceptos y ideas previas con respecto a la pregunta que te estás haciendo.

Ya Me Observé A Mí, ¿Qué Más Puedo Mirar?

Para conocer a las personas más allá de su arquetipo de personalidad y rápidamente, hay una serie de trucos básicos que quiero compartir contigo. No son parte de una lectura avanzada, en la cual ahondaremos más adelante, pero te darán una idea rapidísima de con quién estás tratando en menos de un minuto. Son los elementos que componen la llamada "primera impresión" y es importante conocerlos porque, así como siempre los observamos en otros sin darnos cuenta, también son los puntos más observados de nosotros mismos.

- Los zapatos: sí, los zapatos son parte de la primera impresión que damos y recibimos. El estilo de los mismos, su costo estimado y el estado de conservación indican rasgos de la personalidad. En las mujeres, el uso de tacones finos da una impresión de poder y de ser inalcanzable, además de que está asociado fuertemente a lo sexual, mientras que el uso de zapatos cómodos da la impresión de personalidades más afables y accesibles. La tirantez con la que están anudados los cordones, cuando no son deportistas profesionales, habla sobre la habilidad de adaptabilidad de una persona y su perfeccionismo. Unos cordones muy ajustados no dan lugar a imprevistos y denotan una búsqueda de la perfección, mientras que unos cordones flojos son una característica más común en jóvenes, artistas y personas flexibles o despreocupadas de su aspecto personal, también pueden dar una impresión de dejadez.

• Los ojos: algunas medicinas alternativas incluso pueden evaluar el estado de salud por el estudio del ojo, pero a nosotros nos interesa más las miradas. Dicen que los ojos son el espejo del alma y, en cierto sentido, es así. La humedad que generan, si miran de frente o se pierden en la izquierda o la derecha son indicios sobre los que trabajaremos más adelante, pero los ojos y el movimiento ocular siempre son un punto de observación, más porque tiende a ser de los más difíciles de controlar a nivel consciente.

• Un apretón de manos: como ya vimos, una forma efectiva de forjarnos una primera impresión bastante acertada es darle la mano a alguien. También es importante tomar en cuenta la temperatura de la otra mano y si está o no húmeda, estos son indicios de nerviosismo y de personas ansiosas. También, hay algo innegable en la química del cuerpo, y al dar la mano uno entra en contacto. Es muy probable que muchas afinidades químicas con una persona puedan percibirse en ese momento, después de todo el tacto y el olfato son dos de nuestros sentidos menos conquistados por la deformación social como la vista y el oído.

• El estado de las manos: si las uñas están limpias y cuidadas nos encontraremos con un tipo de personalidad más pulcro en todo, incluso en lo emocional, mientras que unas uñas descuidadas o sucias pueden indicar una personalidad menos mental y más dada a la acción. El morderse las uñas denota personas tensas, nerviosas y perfeccionistas al punto de la flagelación, por más pequeña que sea. Las mujeres de uñas largas tienden a estar más a la defensiva que quienes las usan cortadas al ras (no es lo mismo cortadas que comidas), que son personalidades más accesibles.

• El color de la ropa: según la psicología del color, los colores tienen una influencia en nuestras emociones, tanto al encontrarnos con alguien que los viste como al elegirlos para nuestra ropa. Por eso es importante prestar atención a los colores seleccionados por las personas, incluso si eligen el color "de moda", lo que están diciendo es algo sobre su percepción del mundo y el cómo deciden presentarse. Si la persona es muy seguidora de las modas, podemos notar que se acopla a las tendencias y busca agradar por sobre su gusto personal, porque una cosa es alguien que sigue una moda y otra quien las sigue todas. Después, el blanco y el negro indican atemporalidad, el primero pureza y pulcritud, además de cierto perfeccionismo y distancia, mientras que el negro indica poder y sofisticación, aunque las personas que visten de negro suelen creer que es una manera de pasar desapercibidas; el amarillo indica una personalidad cálida y optimista, generando una sensación de ser afable y accesible; el verde indica frescura, es un color orgánico y sereno, está asociado con valores y ética; el azul es un color que causa serenidad, es un generador de tranquilidad y las personas que visten mucho de azul tienden a buscar puntos medios naturalmente, y como contraposición al rojo impacta y genera sentimientos de energía en movimiento (sea dinámica, sexual o de otro tipo).

Capítulo Tres:

Descubriendo Este Nuevo Lenguaje

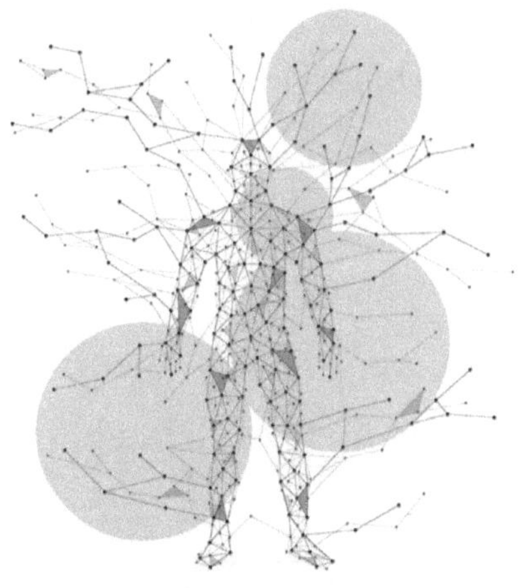

El libro "La expresión y las emociones en el hombre y los animales" de Charles Darwin fue publicado en 1872, mucho hemos avanzado en la lectura de la no verbalidad desde entonces, pero es interesante notar como grandes figuras le dedicaron su tiempo a los estudios preliminares de lo que hoy encuentras compilado en este texto. ¡Y no es para menos! Estudios confirman que cuando enviamos un mensaje, un mínimo del mismo son palabras, un porcentaje mayor del mensaje está compuesto por entonaciones, matices del habla y sonidos, y hasta un 70% por ciento del mensaje puede ser contenido no verbal.

El contenido verbal es el más racional de los tres, el habla pasa siempre por el intelecto y es más normal que tenga incorporados los filtros y convenciones sociales predominantes al momento de emisión; mientras que las entonaciones, los matices del habla, el sonidos y los componentes no verbales están más conectados con las emociones y la personalidad subyacente del sujeto emisor. El mensaje estará compuesto por la suma de todos los factores, incluso los que llevan consigo la domesticación de la sociedad moderna, porque el ser humano es un conjunto y, si bien se puede hacer un fraccionamiento para el análisis, toda lectura que no sea global y orgánica tendrá en sí misma la semilla del error.

Igualmente, no sientas que fracasas si al principio

solo te centras en leer los mensajes no verbales que tu emisor comunica con las manos, el rostro y la postura corporal, porque es una necesidad del ser humano el ir dominando las cosas paulatinamente. Recuerda el dicho que dice que nada es imposible de lograr si lo divides en pequeñas etapas y vas cumpliéndolas una a una, así se escalan montañas, se construyeron todos los inventos, hicieron descubrimientos y hasta se llegó a la luna. Con tiempo irás compaginando las diferentes lecturas hasta lograr la totalidad.

Quiero explicarte cómo funciona lo que queda del libro, porque hasta aquí estuvimos introduciendo nuevos conceptos y viendo ejemplos del funcionamiento de la lingüística del cuerpo. Los próximos capítulos estarán dedicados exclusivamente a cada sección del lenguaje no verbal, de modo que al empezar el estudio puedas ir realizando esta fragmentación de la que hablamos recién. Me parece importante recordarte la importancia de no considerar una lectura de una persona como definitiva hasta no haber sumado todos los factores, pero también a seguir tus instintos. Aunque parezcan conceptos contradictorios no lo son: vienes leyendo instintivamente los mensajes corporales toda tu vida, los conoces, has sobrevivido años en un ambiente de manera instintiva y es importante mantener la fe en esa intuición o pálpito que tenemos en algunas situaciones. Sea alta, buena o baja tu intuición con las personas, es la base de la que partirás y no debes desmerecerla. Ahora comenzarás a agregarle más herramientas a esa percepción innata. También deberás recordar que somos un producto de nuestras circunstancias, por lo tanto es importante tomarlas en consideración: en los gestos influyen el clima, la elección de la vestimenta, el estrés del momento, un dolor de cabeza o la música de fondo.¡Una vez escuché de un principiante de la lectura del lenguaje no verbal que acusó de mentiroso a alguien que tenía caspa! El tic de rascarse la cabeza puede ser tanto en relación a lo que está diciendo como una necesidad fisiológica y no puedes desconocer que muchos factores externos influyen en nuestro comportamiento. Las posibilidades y variables son infinitas y estará en ti filtrar las que consideres pertinente para realizar una lectura acertada, evitando caer en las "profecías autocumplidas" que pueden ser tan riesgosas para la propia salud mental.

Si bien este arte se basa en estudios científicos y puede ser considerado una ciencia, prefiero considerarlo eso: un arte, pues se trata de una actividad más cercana a la de un artesano o un artista que a un matemático que suma los factores y obtiene un resultado.

Es probable que todo esto te genere una desorientación inicial, porque todo aprendizaje profundo no es tal si no sacude un poco las bases de lo que veníamos considerando verdad.

Podemos compararlo con aprender a conducir, el manejar parecen un montón de factores dispersos: que el volante, que el embrague, que la palanca de cambios... ¡y no olvidemos la llave de inicio! ¡y las señales de la calle, los otros audios, la radio y mil factores más!. Infinidad de información sobre los peatones, el estado de la carretera y si queda o no combustible, son todas informaciones que se van compaginando para que el conductor pueda avanzar entre otros autos. Al principio es abrumador, pero después resulta incluso ridículo que en algún momento nos haya parecido mucho, ¡si es muy natural! Lo mismo ocurre con la lingüística corporal. Al principio uno debe aprender el funcionamiento de una cosa, de un fragmento, después de otro y otro más hasta poder comprenderlos todos y poner en funcionamiento el auto para avanzar con confianza. Podemos detenernos en ser unos grandes especialistas de la llave de ignición, pero si nunca aprendemos el manejo de los pedales, nunca pondremos en funcionamiento el auto. Por esto es que te aconsejo que primeramente hagas una lectura total de los elementos de análisis presentados en los próximos capítulos, después empieces la práctica de cada uno en auto-observación y, recién luego de haberlos ubicado en la propia corporalidad y forma de comunicación, los empieces a buscar en otros.

El Silencio Es Un Aliado

Más adelante hablaremos sobre los efectos sociales de la popularización de la lingüística corporal en sus diferentes escuelas, pero por ahora quiero hacerte una advertencia amistosa. Cuando inicies el estudio del lenguaje no verbal, no lo compartas con personas con las que no tengas confianza absoluta o a quienes desees hacer compañeros de prácticas o de estudios, porque se alterará el comportamiento de todos los que conozcan de tu nuevo interés.

Imagina que tu jefe te diga que está estudiando la lectura de los gestos para descubrir mentirosos, manipuladores y poder leer mejor a las personas. Es muy probable que lo haga, porque las personas en posiciones de importancia siempre cuentan con este entrenamiento, pero desde el momento que te lo diga y lo tengas por verbalizado, tu forma de moverte a su alrededor será diferente, cuidarás tus gestos y hasta comenzarás a evitar las interacciones que te sean posibles. Lo mismo ocurrirá con amigos, familiares u otras personas con las que venías interactuando de manera despreocupada hasta el momento.

La idea de comprender el lenguaje corporal es tener una mejor inserción social, reconocer las advertencias con tiempo y no perderte los mensajes con los que siempre te están bombardeando y de los que no tienes noción, de ninguna manera tiene como objetivo andar señalando mentirosos por la vida.

Tampoco es necesario que hagas un anuncio de que estás estudiando comunicación no verbal para poner en sobreaviso a los que te rodean, basta con un comentario aparentemente inofensivo como "¿por qué tu sonrisa es falsa hoy?" para que la gente tome una actitud defensiva que será contraproducente con las intenciones con las que estudias esto.

El lenguaje corporal es no verbal y así debe mantenerse, verbalizar su uso rompe el pacto tácito sobre el que se maneja y construye la interacción social. La pregunta debe mantenerse dentro de la percepción intuitiva, algo como "¿estás seguro de que estás bien?", en lugar de desenmascarar una falsa afirmación de bienestar, eso ayudará a resaltar tu lado perceptivo e intuitivo, manteniendo una imagen empática sin hacer que los individuos entren en actitud de alerta y resguardo al interactuar contigo.

Capítulo Cuatro:

Extremidades Superiores

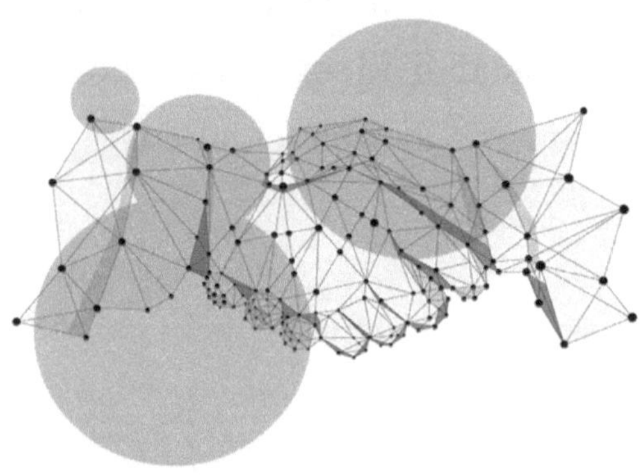

Tomaremos en este segmento los brazos, las manos y los hombros. Las palmas de las manos ya dedicamos unas palabras antes, pero hay más cosas que pueden realizarse con ellas.

Acariciar La Barbilla

Cuando una persona se acaricia la barbilla con el índice y el pulgar, una actitud muy común en los hombres que tienen o han tenido barba, está analizando lo que se le dice para poder tomar una decisión. Además, si observamos los dedos seleccionados para el acto notamos que justamente son el pulgar y el índice, siendo el primero el dedo de la autoridad y de la aprobación. Cuando algo está perfecto se extiende el pulgar como señal.

Por el contrario, el dedo índice es el de la acusación, y cuando se usa para señalar en una discusión es una negación a la postura del otro.

La persona que cabila tocándose la barbilla con estos dos dedos se encuentra entre dos posibles respuestas muy disímiles, por un lado brindar su aprobación y por el otro negarse a todo de manera tajante y hasta agresiva. Es el momento de la negociación para inclinar la balanza a nuestro favor.

Apuntar Con Un Dedo O Mano Extendida

Como vimos en el punto anterior, el señalar a alguien con el dedo índice en una discusión tiene una connotación agresiva. Lo mismo el apuntar con la mano extendida, que representa un reto o puesta en su lugar proveniente de una persona que busca mantener el control de la situación.

Este gesto común de madres a sus hijos, con la mano extendida sacudirla en señal de un posible castigo, es una buena representación. Aquí la velocidad del movimiento indicará la ligereza con la que se dice, si es un movimiento rápido y espasmódico no hay tanto énfasis en lo dicho como si son movimientos largos, pausados y profundos de señalamiento.

Brazos Cruzados

Cuando se cruzan los brazos uno sobre otro se busca poner una barrera entre el otro y nosotros. Quienes toman esta postura habitualmente se sienten constantemente atacados y en la necesidad de protegerse o proteger algo (quizás una postura o una opinión).

Los brazos cruzados son interpretados como una búsqueda de cerrarle caminos al interlocutor, es la postura del guardia de seguridad en la entrada de un local bailable o un gladiador presentándose ante la multitud. Cuanto más firme sea el cruce de brazos, mayor será la oposición que uno enfrenta.

Las manos no están listas para la acción, se presenta una postura de poder por la mera imposición física. Incluso cuando es usada por niños, el mensaje es "de aquí no me moverás", defendiendo su territorio y cerrándose a otras opciones.

Caricia Del Rostro Mostrando El Cuello

Es un gesto principalmente femenino, refiere a una suave caricia que recorre la mandíbula y expone el cuello. Se trata de gesto es seductor porque muestra puntos vulnerables como son el cuello y la muñeca. Cuando una persona usa técnicas de seducción femeninas expondrá sus puntos vulnerables para mostrarse receptiva, mientras que una persona que utiliza un lenguaje no verbal más masculino optará por posturas de dominio.

De Pie Con Manos Entrelazadas A La Altura De La Pelvis

Los dedos entrelazados formando un receptáculo, las manos en descanso cayendo a la altura de la pelvis, es una postura de escucha. La situación es agradable, la persona recibe lo que se le dice y muestra las palmas de las manos.

Dedo Índice Al Costado Del Rostro, Pulgar Hacia La Oreja

Si observamos esta postura de costado, notaremos que índice y pulgar forman una "L". El dedo índice se apoya en el costado del rostro, pero el pulgar está cubierto. Nuevamente, hay una preparación para una decisión como cuando estos dos dedos acariciaban la barbilla, pero aquí la aprobación del pulgar está escondida, sujeta a lo que no quiere escuchar. Es una posición de defensa, porque es el dedo índice el más visible. Dependiendo de si es el lado izquierdo o el derecho, dependerá si la persona percibe un ataque emocional o racional, respectivamente.

Dedo Índice Al Costado Del Rostro Tocando La Nariz, Pulgar Hacia La Oreja

Casi idéntica a la postura anterior, pero esta es una clara señal de advertencia para el interlocutor. Hay algo que al emisor "le huele mal" y se lo está haciendo saber al tocarse la nariz.

Golpecito En La Espalda

Una persona que nos dice algo y nos da unos golpecitos en la espalda está intentando empujarnos en la dirección que le interesa que tomemos. Es también una forma de dominio, "deseo llevarte hacia allá", sea literalmente o en un planteo. También, quien toca la espalda del otro tiene la posibilidad de atacar sin que se entere, no solemos dejar que extraños toquen nuestra espalda po ser un flanco vulnerable. Quien hace esto lo sabe y, aún así, toca la espalda en busca de influenciarnos. es un empujón hacia la dirección deseada.

Cuando los golpecitos en la espalda son dados dentro de un abrazo, es porque la persona que los da ya tuvo suficiente contacto físico y está pidiendo que termine la invasión a su espacio personal.

Juntar La Punta De Los Dedos Al Hablar

Esta posición donde se juntan las puntas de todos los dedos para sostener las manos una con la otra, es una postura de seguridad y confianza. También está asociada con la interconexión de los dos hemisferios del cerebro, siendo una postura que favorece el pensamiento racional, emocional por igual e irradia autoridad. La postura de las puntas de los dedos tocándose fue denominada por Birdwhistell como "formación de ojiva".

Cuando en una conversación alguien utiliza esta postura con los dedos apuntando hacia arriba, está en actitud de emisión de una opinión (aunque no verbalice lo que piense), mientras que al poner los dedos hacia abajo, está escuchando lo que los otros dicen.

Mano Sobre Corazón

El tocarnos en corazón con la palma de la mano indica un pedido sincero, aunque este gesto debe ser rápido porque sino le estaremos mostrando el dorso de la mano a nuestro interlocutor.

Mano Sobre Otra, Agarrando Con Izquierda La Derecha O Viceversa

También es un gesto de pedido como la mano sobre el corazón, pero aquí no hay sinceridad. Se asemeja a la postura que toman las manos durante una pulseada, pero con ambas manos pertenecientes a una misma persona. Hay un agarre, un querer retener al interlocutor para que acate nuestra súplica. El mismo puede ser forzado por un engaño como por una desesperación, aunque es más normal que la solicitud de ayuda sincera se dé con la mano sobre el corazón.

Manos Detrás De La Espalda

El caminar o pararse con las manos detrás de la espalda es signo de confianza y seguridad, al tener las manos detrás de la espalda no podría defenderse rápidamente de un ataque y deja al descubierto el pecho y la zona genital. Esta no es una señal de sumisión, sino de confianza "nadie va a atacarme", "aquí estoy yo" son los mensajes que envía esta postura.

Manos En La Cintura Con Brazos En Jarra

Las manos a la cintura, formando las asas de una jarra indica juzgamiento. Hay una censura hacia el interlocutor, probablemente se esté dando un reproche y el discurso corporal se interpreta como un "te lo dije". Es común al regañar a niños pequeños adoptar esta postura, agregándole el que por la altura del adulto, se observa al niño desde arriba adquiriendo una distancia y soberbia palpable. Por eso, cuando se regaña a un niño, es recomendable no adoptar esta postura que puede despertar hostilidad, por el contrario, agacharse a la altura del niño y explicarle la situación con calma, mostrando las palmas es lo mejor. Esto ayudará a formar un carácter menos rebelde y caprichoso, y más abierto a entender a los demás.

Manos En Los Bolsillos

Las manos en los bolsillos pueden indicar varias cosas de acuerdo a su posición y ubicación, esto no debe interpretarse como la única opción, especialmente en invierno donde el clima puede forzar al interlocutor a colocar sus manos en los bolsillos.

Ambas manos completamente en los bolsillos indica inseguridad, baja autoestima e incluso avaricia. Se trata de alguien que esconde sus manos para no mostrarlas en ninguna postura. Es alguien que "esconde cosas".

Cuando la persona solo deja dentro de los bolsillos el dedo pulgar también es un signo de inseguridad, ya que el pulgar simboliza el poder. Por el contrario, cuando se deja el pulgar afuera del bolsillo pero se guarda el resto de la mano, es una posición de descanso confiada.

Manos Enlazadas

Las manos con los dedos entrelazados es otra postura muy común. Hay una relación entre la altura a la que se muestran las manos y lo intransigente de la persona que las pone así. Bien altas, al estar sentado y con los codos sobre la mesa, las manos pueden llegar a servir de apoyo al mentón e implican una cerrazón a lo que dice la otra persona. También, en esta postura se muestran ambos dorsos de las manos, con los dedos trabados entre sí, lo cual indica que no hay una transición fácil a una postura más amigable.

Esta actitud hostil también está cuando las manos descansan entrelazadas sobre la mesa, pero la barrera con la otra persona no es tan grande. Finalmente, entrelazadas a la altura de los genitales es, como vemos en otro punto, una posición de descanso cuando se muestran las palmas formando un receptáculo, pero de defensa al mostrar el dorso de las manos.

Manos Entrecruzadas Detrás De La Cabeza

Aquí también las manos están entrelazadas, pero detrás de la cabeza. Es normal observar que la gente adopta esta postura al sentarse o al recargarse en alguna superficie. No vale la pena mantener una discusión con una persona que adopta esta postura, puesto que no nos está escuchando. Es una postura de soberbia y de sobraduría, donde descansa su cabeza (donde guarda sus pensamientos enaltecidos al infinito) en sus manos entrecruzadas. Es una postura también de descanso, pero siempre guarda una connotación de mirar a los otros desde arriba.

Morder Objeto

El morder un objeto, sea un lápiz, los lentes o anteojos, cuando se está escuchando es indicativo de una escucha atenta, pero que no llega a comprender. Ante este aviso no verbal, lo correcto es cambiar la metodología de explicación para facilitarle el entendimiento al interlocutor, aprovechando que se cuenta con su atención en ese momento.

Morderse Uñas

Las uñas y los dientes son las herramientas de defensa más notorias de la fisonomía humana, el morderse las uñas indica una inseguridad y ansiedad, probablemente sea una persona que se prepara para recibir un ataque pero que no se siente seguro de poder contrarrestarlo, entonces destruye sus armas (las uñas). Es un indicio de algo contenido, sea el deseo de atacar, el miedo o la ansiedad por una situación pasada. Las personas que se muerden las uñas a menudo experimentaron algún trauma en la infancia que los hace padecer los ataques de los demás en lugar de contrarrestarlos.

Mover Las Manos Exageradamente

Si durante una conversación, tu interlocutor, quien tenía un lenguaje no verbal muy moderado con las manos al inicio, empieza a gesticular enfáticamente, es porque busca atraer tu atención. Es una forma de tratar de atraer la atención al notar que el otro se dispersa.

Movimientos Nerviosos Y Jugar Con Objetos

Los movimientos aleatorios con los ojos, donde se fija la vista en diferentes puntos que no son el interlocutor y el jugar con lapiceras, celulares, puntas de la vestimenta, etc., indican falta de atención y que la persona que realiza estos gestos está pensando en otra cosa y no en la conversación en la que está envuelto.

Palmas

El frotar las palmas de las manos una con otra es una forma en la cual las personas comunican una proyección positiva a futuro, expectativa y deseo. Si observamos una mesa en un casino, veremos que antes de que se ponga a girar la ruleta o terminen de caer los dados, muchas personas frotan las palmas de sus manos con expectativa, anhelando un golpe de suerte o un beneficio. Este gesto también ha sido usado para indicar ambición en los personajes del cine, pero ¡atentos a la velocidad del gesto! Un frotado de palmas veloz y fugaz indica una expectativa positiva, pero un frotado lento y pausado da una impresión negativa de una persona calculadora y con un deseo oculto, es una expresión de "maquinación" que se torna cada vez más turbia conforme se ralentiza.

Como venimos viendo con anterioridad es importante tener en cuenta las circunstancias externas, hay personas que tienen mala circulación y tienden a frotar sus manos con mayor frecuencia, aquí el gesto no es un indicativo de lenguaje no verbal sino una necesidad biológica sistémica.

Y como vimos anteriormente, la orientación de la palma de la mano puede indicar dominio (cuando está el dorso hacia arriba) o sumisión (cuando se expone la palma de la mano), esto también es usado para generar confianza en la otra persona. Las palmas expuestas dan una sensación de "no soy una amenaza, busco conciliar" por eso observamos este gesto en negociadores en situaciones de rehenes, pedidos de paz y cuando se desea tranquilizar a alguien alterado. La exposición de las palmas muestra que no se esconden armas, reconoce que la situación está bajo el dominio del otro y por lo tanto debería calmarse y escuchar nuestros argumentos. Se trata de un gesto apaciguador, no solo de sumisión.

Rascado De Nuca

El rascado en la nuca indica una disconformidad, de aquí viene la expresión de "se le erizaron los cabellos de la nuca", porque hay comentarios que producen eso y la reacción no verbal es rascar o frotar.

Rascar Oreja, Nariz, Frotar Ojos O Toca La Boca

Todos estos gestos pueden resultar indicativos de una mentira y/o un ocultamiento. Al frotarse la oreja también se indica que no se quiere escuchar lo que se está diciendo en ese momento o que no quiere escuchar sus propias palabras, porque su veracidad puede ser puesta en duda.

El rascar, frotar o tocar la nariz es también

llamado "el saludo universal de los alérgicos", por lo cual hay que estar atento a no confundirlo con un mensaje no verbal cuando es un tic producto de tener seguido la nariz irritada, pero cuando es parte del lenguaje corporal, el tocarse la nariz indica que algo huele mal en esa situación y no se desea seguir oliendo eso. Puede indicar desagrado por lo que se le está diciendo, cuando quien se toca la nariz es el receptor del mensaje y puede indicar que tampoco le agrada lo que está diciendo, cuando quien se toca la nariz es el emisor.

El frotar los ojos o taparse la boca es un ocultamiento, el primero indica que no se desea ver a la otra persona, sea porque percibe mentira o porque las está diciendo y el taparse la boca es un gesto que indica arrepentimiento de lo dicho.

Recargarse En Objetos O Personas

El recargarse en un objeto o en una persona es un mensaje de reclamo, quien pone su peso sobre algo está declarando su dominio y que ese objeto o persona es de su posición. Podemos verlo claramente en el hombre que se compra un auto nuevo y, al mostrarlo, se recarga en la carrocería o la mujer que se deja abrazar por detrás por su novio y recarga su peso en él. Ambos son mensajes de posesividad y de advertencia hacia los demás.

Sostener Objeto Con Ambas Manos, Cubriendo La Zona Genital

Sostener las manos sobre la zona genital es un mensaje de inseguridad y de protección, cuando se sostiene un objeto (una cartera, una taza, una botella de agua o un abrigo) se está además agregando la barrera protectora extra. Esta postura es muy habitual en mujeres u hombres subalternos, que colocan la cartera o el maletín cubriendo la zona genital cuando reciben una reprimenda en el trabajo. Si sostienen el objeto con ambas manos, es un signo de mayor inseguridad y vulnerabilidad.

Tocar Anillo De Casamiento

El tocar el anillo de casamiento es un indicativo de querer cerciorarse de que sigue ahí, de que la relación está bien y es estable. Tocar el anillo al hablar es un apoyo emocional para muchas personas, porque les recuerda la relación en la que están. Es habitual en personas que usan mucho el "nosotros" para plantear propuestas o temas, porque sienten mayor seguridad en la cantidad y no en hablar por sí mismas.

También, si a una persona se le pregunta por su marido o esposa y al momento de contestar se toca el anillo, es porque está teniendo algún problema dentro del matrimonio y está queriendo cerciorarse de que la relación sigue ahí a pesar de las dificultades.

Tocarse La Zona De La Tiroides

El llevar la mano al cuello y tocarse el frente o la zona tiroidea puede leerse como un intento de cubrirse ante un ataque. El cuello es una de las zonas más vulnerables del cuerpo, por lo tanto el cubrirlo es signo de ser consciente de esa vulnerabilidad y querer cubrirse de un posible ataque. Es una forma de defensa, las personas que toman este gesto en lugar de caer en corporalidades más agresivas tienden a la sumisión y a resistir más que devolver.

Tomarse De La Muñeca Y Taparse La Zona Pélvica

Es lo mismo que cuando se sostiene un objeto, pero en menor medida. Conforme vamos subiendo la mano por el brazo que sostenemos mayor es la inseguridad que siente la persona que realiza la acción. Tomarse del codo y taparse la zona genital con las manos indica más inseguridad que tomarse solamente de la muñeca.

Capítulo Cinco:

Miembros Inferiores

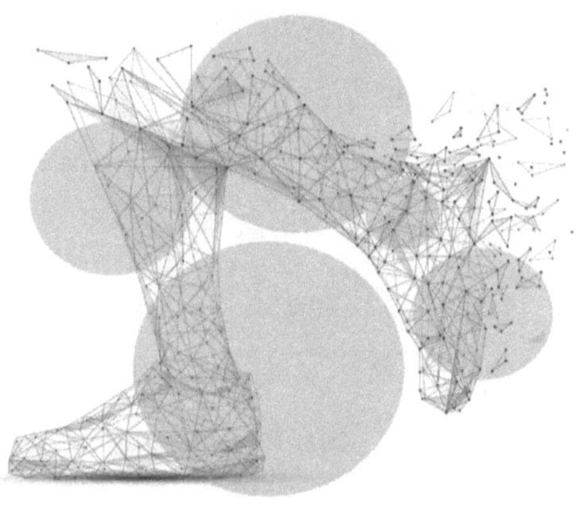

En este capítulo veremos el análisis de los movimientos de los pies, las piernas y las rodillas, tanto en las posiciones que el cuerpo puede adoptar estando de pie como sentados. Lo interesante del lenguaje de los miembros inferiores del cuerpo es que siempre resulta más instintivo que el de los miembros superiores. La gente se entrena y acostumbra a hablar con las manos, haciendo énfasis consciente de lo que dice o lo que evita hacer, pero pocas personas prestan atención al lenguaje de sus piernas, por eso resulta mucho más indicativo de las reales intenciones del emisor.

Quiero guiarte a través de este razonamiento un segundo, para que puedas empezar a encontrarle la lógica la traducción del lenguaje corporal. Cuando las personas hablan y gesticulan con las manos, normalmente observan estos movimientos o los "sienten", la mayoría de los seres humanos estamos más conscientes de lo que ocurre cerca de nuestros rostros que de cualquier otra parte de nuestro cuerpo, incluso la zona genital. La vista, el olfato, el gusto, cuatro de los cinco sentidos se concentran en la zona de la cabeza y, además, allí se encuentra ubicado el cerebro, el centro de procesamiento de toda la información recabada con los sentidos. Es por eso que es posible entrenarse en "mentir con las manos" y tener tics adquiridos que no tienen nada que ver con el lenguaje no verbal evolutivo universal de la especie humana, pero las piernas quedan lejos del control del pensamiento más racional, sirviendo siempre a instintos más basales. Mientras que los brazos y las manos son principalmente indicadores de actitudes de agresión o sumisión, las piernas indican la comodidad que tiene el sujeto emisor con la situación en la que está. Las piernas sirven para huir.

Esto no excusa que, como ocurre en el análisis del lenguaje de los miembros superiores, también hay que tener en cuenta las circunstancias. No es lo mismo leer a una persona joven que a alguien mayor, que quizás tiene dolencias específicas o a alguien con alguna discapacidad, en estos casos es aconsejable no leer mucho en el lenguaje de la parte del cuerpo afectada, porque podríamos incurrir en un error de juzgamiento grave. También, al analizar mujeres es importante tener en cuenta el tipo de zapato que llevan puestos. Los zapatos femeninos son muchas veces asemejables a instrumentos de tortura y, por lo tanto, hay que tener su comodidad en cuenta. No será lo mismo una persona que en zapato plano cambia de pie seguido y descansa uno de punta, que alguien que utiliza unos tacones visiblemente incómodos. Lo mismo en la forma de poner las rodillas, porque hay algunos zapatos femeninos que obligan a tomar posturas con las rodillas altas.

Igualmente, el conocimiento de la implicancia de las diferentes posturas corporales nos servirá de guía para entender el mensaje al hacer un análisis global e integrador.

De Pie, Con Ambos Pies Para Adelante

Es la postura más básica estando de pie. La persona está parada con ambos pies apuntando hacia adelante, hacia su interlocutor, manteniendo aproximadamente el ancho de los hombros. La persona en esta postura está evaluando lo que se le dice, es un momento de escucha relajada. Al apuntar con sus pies hacia su interlocutor indica que lo está escuchando, que su atención está en él y lo está evaluando.

De Pie, Con Pies Cruzados

También de pie, pero en esta ocasión la persona cruza levemente un pie por sobre el otro a la altura del tobillo. Este nudo o anudamiento que realiza a la altura del tobillo es un indicativo de que no está realizando una evaluación del interlocutor, sino que está tranquilo y en confianza.

Es una postura de seducción masculina para mostrar la comodidad en la que se sienten en una situación, siendo más femenina conforme sube de altura el cruce. Las personalidades femeninas tienden a realizar este cruce a la altura de la rodilla.

De Pie, Con Un Pie Hacia El Frente Y El Otro En Ángulo De 90°

Lo más normal cuando alguien adopta esta postura es que el pie que se encuentra en ángulo recto esté apuntando hacia la puerta o la salida más cercana. Esto nos dará una indicación de cómo debemos leer esta postura: la persona desea salir de la habitación. Cuando el pie inclinado apunte hacia otra dirección, como un sillón o la cocina, se entenderá que es hacia allí a donde quiere dirigirse.

De Pie, Con Un Pie Bien Plantado Y El Otro Hacia Atrás Apoyando La Punta

Es la posición donde un pie está apuntando hacia el frente sosteniendo todo el peso y otro está ligeramente atrás, solo apoyando la punta y mostrando la planta del pie hacia la espalda. Esto se conoce como un "anclaje a tierra", porque la persona no está en una posición en la cual esté lista para resistir un ataque, al tener todo su peso solo en un pie.

Las personas toman esta postura cuando están cómodos en la conversación que están teniendo, disfrutan de lo que están escuchando y no sienten deseos de contradecir al interlocutor. También es una postura en la cual las personas relajadas y confiadas se presentan, especialmente durante la seducción, ya que la confianza y la seguridad es parte de su atractivo y lo saben subconscientemente.

De Pie, Un Pie Bien Plantado Y El Otro Solo La Punta En Contacto Con El Piso

Quiero que visualices la postura que toma un corredor antes de iniciar una carrera. Sus pies están tocando el suelo en la punta, sus músculos preparados para darle el impulso necesario para salir corriendo lo más rápido posible. Al estar de pie, subconscientemente, se puede tomar una postura similar cuando se planta bien un pie en el suelo y el otro está paralelo, pero con el peso solo en la punta del pie. Esta postura indica que el emisor del mensaje no verbal está deseando poder salir corriendo de donde se encuentra.

Puede sumarse un movimiento nervioso de mover el pie que está de punta, golpeando el suelo con el talón, que indicaría además impaciencia por poder emprender la huída.

Pie Apuntando Hacia Otra Persona

En una conversación entre varias personas, los integrantes de la conversación tendrán sus pies apuntando hacia quien más les agrade del grupo. También puede ser que los tengan apuntando hacia quien más atención le prestan o a quien está hablando en ese momento, pero normalmente es un signo de afinidad y hasta de preferencia. No es lo mismo al estar sentados, porque si los asientos son fijos pueden propiciar una inclinación particular, la cual debe ser tenida en cuenta para el análisis, pero al estar de pie esto permite analizar la jerarquía en los grupos.

Puntas De Los Pies Hacia Adentro

Las personas que se paran o se sientan con las puntas de los pies apuntando hacia adentro tienen personalidades más infantiles, ya que es un gesto muy extendido en la niñez. Esta posición de los pies indica inseguridad y falta de confianza, si lo hacen habitualmente es un rasgo de sus personalidad y si es en una situación dada es porque las circunstancias lo hacen sentirse inseguro y vulnerable.

Sentado Con Las Piernas Abiertas

Esta forma de sentarse está muy instaurada en el género masculino y censurada en el transporte público o en espacios donde cada individuo debería tener su espacio delimitado, pero, a pesar de que resulta incómoda para espacios compartidos con desconocidos, es una postura que se interpreta como de descanso cuando las manos descansan sobre los muslos o las piernas.

La persona que se sienta con las piernas abiertas y deja las manos caer relajadas sobre sus muslos o en una altura baja, está confiado de que no será atacado e intenta lucir invitante para otros, está en una posición de tranquilidad donde invita a compartir el espacio.

Sentado Con Las Piernas Cruzadas, Con La Rodilla Apuntando Hacia El Interlocutor

La rodilla en el cruce puede apuntar hacia el interlocutor o hacia la puerta, en caso de apuntar hacia el interlocutor es porque esa persona cuenta con toda la atención del emisor del mensaje no verbal. De apuntar a la puerta, indica impaciencia, pero no un deseo de salir corriendo porque las piernas se encuentran anudadas y resultará difícil salir de esa postura para emprender la carrera.

Al poner las manos suavemente sobre la rodilla en los emisores femeninos, la postura busca llamar a la complicidad del interlocutor.

En las personalidades masculinas, un cruce de piernas muy cerrado se interpreta más como el cruce de brazos. Mientras que si el cruce es abierto, llamado cruce americano, formando un cuadrado en el hueco entre las piernas, y el emisor del mensaje no verbal se toma la pierna para mantenerla allí, está abriéndose a la discusión y poniéndose cómodo.

El mero acto de cruzarse de piernas durante una conversación implica que quien lo hace está poniéndose cómodo, que se quiere quedar en el espacio por el tiempo inmediato y está disfrutando del intercambio verbal.

Es diferente la implicación de cruzar los miembros superiores a cruzar los miembros inferiores, mientras que el cruzarse de brazos es una barrera que se lee como cerrazón, el cruzarse de piernas es comodidad en el espacio y, principalmente, una señal de que la persona está receptiva al tema de conversación.

Cruzarse de brazos y piernas mientras se está sentado es un mensaje contradictorio, que puede interpretarse por la rigidez de los brazos. Si los brazos están cruzados con suavidad y casi descansan sobre el regazo, la persona está cómoda con la conversación. Si los brazos están cerrados a la altura del pecho, entonces es que no le alcanzaron los brazos para manifestar su descontento, por lo cual debió también cruzar las piernas en signo de énfasis a su negativa y desagrado.

Sentado Con Las Piernas Paralelas En La Distancia De Los Hombros

Las personas que se sientan con las piernas paralelas al frente, con las rodillas en ángulo recto y rígidos están buscando plantear una barrera entre ellos y el interlocutor. No es una postura de descanso cuando las piernas están en 90°, por más que sea una postura anatómicamente favorable, no es cómoda de mantener e implica un distanciamiento, las rodillas están elevadas para separarse de quien se tiene enfrente. También puede ser que el calzado de la mujer la obligue a elevar más las rodillas, en ese caso corresponde ver cuánto es la postura adoptada una decisión inconsciente y cuánto es una obligación marcada por la vestimenta y el calzado elegido.

Sentado Con Las Rodillas Apuntadas Hacia Arriba

Quienes se sientan elevando más las rodillas, están preparándose para ponerse de pie. El cuerpo está listo para tomar el impulso necesario para pararse, dar por terminada la conversación y salir del lugar donde se encuentra. Hay una incomodidad que lo hace querer abandonar el lugar y el espacio.

Sentado Con Las Rodillas Inclinadas Hacia El Interlocutor

La postura donde las piernas se mantienen juntas, casi pegadas, si las rodillas están inclinadas hacia el interlocutor implican también un deseo de distanciamiento, de querer imponer una barrera. Es una postura habitual en las mujeres con falda en situaciones donde no están del todo cómodas, no buscan escapar pero quieren mantener una distancia prudencial con el interlocutor.

Sentado Con Los Codos Descansando Sobre El Respaldo

Esta postura tiene la misma base que la de sentado con las piernas abiertas, invadiendo los espacios de alrededor, pero el esconder las manos detrás del respaldo o mantenerlas en alto, la aleja de una postura de descanso. Las personas que adquieren esta postura son dominantes y agresivos si mantienen los puños cerrados. Es una postura de reclamo de territorio, quienes la adoptan quieren declarar "este espacio es mío, no lo invadan o verán". Subconscientemente, son personas que responden a las amenazas con agresión, lo opuesto a la confianza y la seguridad.

A veces también se puede encontrar que quien adopta esta postura, agacha ligeramente la cabeza observando al interlocutor desde abajo. Esto no es signo de sumisión, sino de un animal dispuesto a atacar en cualquier momento, es la postura del buscapleitos que reclama ese territorio como suyo y quiere alardear de su dominio.

A Tener En Cuenta

Mientras que el lenguaje de las extremidades superiores es más similar en hombres y en mujeres (a pesar de que hay que tener en consideración la presencia de los pechos), es importante tomar en cuenta las diferencias anatómicas, culturales y de vestimentas para hacer una correcta lectura en relación a las extremidades inferiores.

Las mujeres tenderán a cruzar las piernas de manera más cerrada que los hombres y a sentarse y estar de pie influenciadas por la vestimenta y el calzado que lleven. También, al ser llamadas por necesidades fisiológicas, las mujeres cruzan las piernas para contener las ganas de orinar y los hombres no tienen el mismo gesto. Para diferenciar este reflejo físico de un mensaje no verbal, debemos tomar en consideración hacia dónde va la mirada. Si la mirada está en el lugar, entonces la atención está en la discusión. Si la mirada deambula o apunta hacia un baño, el interés es otro.

Esto que parece una cuestión muy obvia debe ser tenido en cuenta al momento de realizar la lectura, porque puede llevar a errores importantes y, el no tenerlo presente, es un acto de negligencia. Lo mismo ocurre cuando uno ignora la temperatura ambiente y la vestimenta de nuestro interlocutor: una persona puede cruzar piernas y brazos porque está congelándose y no porque esté cerrándose a lo que le decimos.

La lectura de los cuerpos y de lo que dicen necesita de un grado importante de "ponernos en el lugar del otro", si nosotros estamos abrigados, cómodos y sin deseos de ir al baño y trasladamos esa neutralidad al interlocutor, cuando la otra persona puede estar sintiendo cosas muy diferentes, estaremos proyectando nuestras circunstancias en el otro. Las circunstancias pueden variar entre dos personas en la misma habitación porque alguien está justo debajo del aire acondicionado, lleva tacones incómodos o está vestido con menos abrigo o al rayo del sol.

Parecen muchos factores a tener en cuenta, pero son los que debemos usar para verificar la veracidad de nuestras lecturas. No se trata de leerle la mente y conocer todas las incomodidades físicas, si le duele el dedo chiquito del pie o si bebió demasiada agua en la mañana, sino de tratar de percibir los pequeños detalles: ¿tiene la piel erizada por el frío? ¿se frota los brazos al cruzarlos? ¿mira en dirección al baño o rechaza cuando le ofrecemos algo de beber? Una mujer que intercala un pie detrás del otro, evitando poner el peso en un pie de manera intercalada, es más probable que esté incómoda con sus zapatos a que esté mandando un mensaje no verbal y un hombre que mueve un pie insistentemente y no deja de mirar hacia el baño, es probable que desee evacuar y que su falta de concentración en la conversación se deba a eso y no al contenido de lo que le estamos diciendo. Por eso es importante estar atento a las señales de incomodidad de nuestros interlocutores.

Si lo que deseamos es convencerlos de algo y tener toda su atención, deberemos tratar de que la conversación se desarrolle en espacios donde ambos estemos en condiciones óptimas y las circunstancias externas afecten lo mínimo posible el intercambio de mensajes no verbales para evitar malentendidos.

Capítulo Seis:

El Rostro

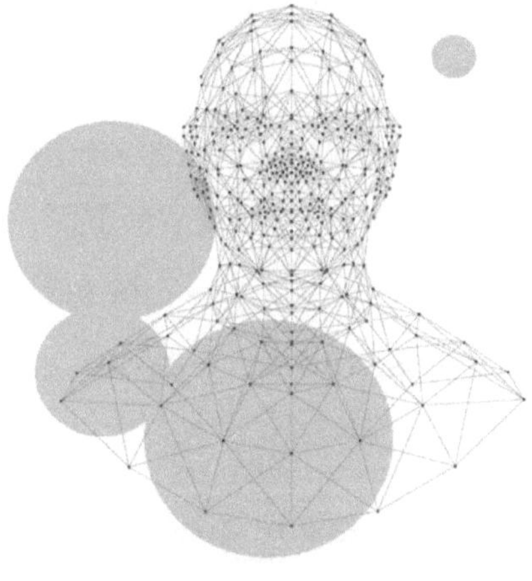

El rostro es probablemente lo que aparenta ser más fácil de leer, pero es justamente lo más complejo porque está compuesto por movimientos minúsculos y cuenta con más de 10.000 posibles expresiones. Por un lado, todos estamos entrenados biológicamente a entender el significado de una sonrisa, un ceño fruncido o una lágrima, pero estos gestos tan comunes son más complejos de lo que la verdadera lectura se esconde en diferencias apenas perceptibles, que necesitan del ojo entrenado para ser notadas.

Estos movimientos musculares involuntarios apenas perceptibles son conocidos como "microexpresiones" y fueron ampliamente estudiadas por Paul Ekman, quien además asesoró a los productores de la serie *Lie To Me*, a los animadores de *Inside Out* y al FBI. El trabajo sobre las microexpresiones benefició a la criminología, la psicología y hasta el arte y el entretenimiento.

El conocimiento de las microexpresiones usado dentro del mundo del entretenimiento tiene un efecto muy interesante a nivel macrosocial, porque cuanto más conocidos son los estudios al respecto, mayor es el número de personas que intenta entrenarse en su lectura y control. El fenómeno de la masificación de este conocimiento tiene consecuencias que podrían resultar contradictorias, pero no lo son. Por un lado, con mayor cantidad de personas intentando tener un control sobre sus microexpresiones, es más probable que las mismas dejen de ser identificables al largo plazo y su lectura se dificultará hasta volverse imposible en los mentirosos especializados. Pero también, y casi contrarrestando esta pérdida de utilidad puntual con los mentirosos, cuantas más personas conozcan de las microexpresiones, más importante será el aprender a leerlas porque serán parte de un lenguaje universal. Es como cuando se empezó a popularizar el manejo de las computadoras con la aparición de Windows, antes pocas personas eran usuarios de la computación, con la aparición del sistema operativo de Bill Gates dejó de ser una ventaja el manejar una computadora, pero pasó a ser algo indispensable.

El conocimiento sobre la microexpresiones y cómo leerlas está en una etapa similar. Pronto dejará de ser una ventaja porque todos las entenderán, pero también se volverá indispensable para la vida en sociedad porque formará parte del lenguaje coloquial que hablan todas las personas de común acuerdo.

Universales

Según estudios especializados de psicología y fisiología, las microexpresiones no distinguen cultura, raza o nacionalidad, están asociadas a los genes y, por lo tanto, son universales de toda la humanidad. Se manifiestan como una contracción, mueca o movimiento apenas perceptible de cierto grupo muscular ante la aparición de una emoción.

Mientras que la cultura impone a las mujeres y los hombres de cierta nacionalidad o etnia vestirse y comportarse de una manera específica y eso condiciona su manera de sentarse y caminar, las microexpresiones tienen un componente primordialmente genético y son hereditarias.

Ínfimas

Las microexpresiones, como su nombre lo indica, son microscópicas y duran lo que tarda el cerebro consciente, racional y condicionado por la formación cultural y la educación en tomar control sobre la emoción que se disparó. Es una reacción que dura menos de una quinta parte de un segundo, es también una reacción estereotipada, automática y efímera a un estímulo emocional, y por eso su universalidad. Son la poética del lenguaje corporal y no verbal, porque como un poema haiku japonés: son cortísimas y, sin que nos demos cuenta, nos atraviesan dejando solo un sintético mensaje que nos transmuta y no está destinado a trascender, solo a existir.

Sentimientos

También debemos tener en cuenta que, si bien podemos saber qué sentimiento se asocia con una microexpresión, no hay forma de saber cuál es la justificación que subyace debajo de dicho sentimiento. Los sentimientos siguen siendo tan únicos y misteriosos como siempre, la lectura de las microexpresiones solo nos permitirá ver cuál es que el subyacente debajo del lenguaje verbal manifiesto.

Por ejemplo, si una madre le pregunta algo a su hijo de manera insistente y su hijo muestra miedo. El miedo puede tanto venir de que ha mentido y teme ser descubierto, como que le teme a la autoridad de la madre y le preocupa que se lo acuse de mentir cuando no lo ha hecho.

Las sutilezas de la psiquis siguen siendo un misterio a pesar de que el estudio del lenguaje corporal es cada vez más importante para movernos en sociedad.

Lo correcto en el ejemplo dado sería que la madre note que produce miedo en su hijo y cambie el acercamiento a la problemática, no que tome la microexpresión como una clara manifestación de mentira, porque bien puede estar leyendo mal el trasfondo emocional. Nuevamente, las circunstancias son ineludibles y es lo que siempre nos marca la contextualización de cualquier lectura. Los seres humanos no vivimos en un constante estado de intocabilidad; por el contrario, nos afecta el frío, el viento, el calor, las experiencias pasadas, los miedos futuros, la presencia o ausencia de afecto en los primeros años de vida y hasta la incomodidad de los zapatos. Cuanto más puedas conocer el efecto que estas circunstancias externas tienen en tu interlocutor, mejor y más acertada será tu lectura del lenguaje no verbal y más completa tu percepción del mundo que te rodea.

Dentro del universo de las microexpresiones, es importante que puedas identificar las llamadas emociones universales que son la base del resto de las reacciones sentimentales. Las primeras en ser identificadas por los científicos son siete y se van ampliando, pero nos detendremos en las siete primigenias porque forman un abanico básico de información emocional. Las mismas pueden extenderse durante toda una conversación o pueden ocurrir en un microsegundo, son consideradas microexpresiones cuando pasan rápidamente por el rostro y no se detienen, pero eso no quiere decir que solamente puedan hacer un paso fugaz.

Al ser emociones que se sostienen en el tiempo,

dejan de ser territorio profundo de la lingüística corporal porque todo el mundo las puede leer con facilidad, pero puede ser más fácil empezar identificándose en momentos sostenidos que rastrearla en la fracción temporal que duran cuando solo atraviesan un rostro.

- **Asombro**

El asombro se manifiesta en el rostro porque las cejas se encuentran levantadas y curveadas. Durante el tiempo que transite el asombro las facciones faciales a analizar, las cejas se mantendrán elevadas y la piel de debajo de las mismas estará estirada.

También se pueden identificar que se forman arrugas horizontales en la frente y los ojos se se mantienen bien abiertos.

En relación a la boca, los labios y los dientes estarán separados y la mandíbula caída.

En el folklore popular esta expresión ha sido resumida en la frase "te dejó con la boca abierta", lo cual simplifica enormemente la expresión de sorpresa o asombro.

- **Ira**

Contrariamente a lo ocurrido durante la emoción anterior, en la ira las cejas se moverán hacia abajo, en expresión contraída y se formarán los pliegues o arrugas entre las cejas que indican un "ceño fruncido".

Los párpados se mantendrán tensos, provocando un endurecimiento de la mirada.

Los ojos pueden adquirir un brillo que advierte peligro y, dependiendo de la intensidad de la ira en cuestión, las pupilas pueden dilatarse en señal de advertencia.

- **Tristeza**

La tristeza hace que un rostro caiga, de ahí la expresión de "se te ve caído" para referirnos a alguien que está triste.

Los párpados tomarán una inclinación ligeramente hacia abajo en los extremos exteriores, con los ángulos interiores de los ojos luciendo más elevados.

La mirada se verá perdida, sin intensidad.

La comisura de los labios se inclinarán hacia abajo y los labios pueden incluso temblar, anunciando un posible llanto.

- **Asco**

El asco es una expresión que no suele recibir la valoración que merece. No es el desprecio, que tiene tan mala prensa socialmente, es una emoción diferente que nos transita para asegurar la supervivencia. El asco es la emoción que impide que consumamos alimentos en mal estado o agua contaminada, sin el asco más asociado con el cerebro reptiliano no se habría logrado la supervivencia de la especie. En cuanto a la lingüística corporal, el asco nos avisa cuando algo no es consumible, cuando lo que una persona dice no está siendo fácil de digerir, de ahí la expresión "no se lo tragó" en relación a alguien que no quiso creer una mentira.

Se identifica por los labios superiores más elevados, una expresión facial arrugada a la altura de la nariz. Se visualizan líneas debajo del párpado inferior por la contracción facial central.

Las cejas estarán bajas, empujando también a que descienda el párpado superior, comprimiendo y cerrando la expresión.

- **Miedo**

Nadie pondrá en duda la fortaleza del miedo en una expresión. Es probablemente la emoción de supervivencia por excelencia, el miedo nos hace correr o nos paraliza, pero casi nunca nos deja indiferentes. Cuando uno está entablando una conversación con otra persona y esta emoción transita el rostro del interlocutor, es una alerta de que estamos haciendo algo que no ayuda a la construcción de un vínculo sano. Intimidar a otros delimitando una posición de poder no es lo mismo que causar miedo. Si bien Maquiavelo decía en *El Príncipe* que "es mejor ser temido que amado", el temor no es aliado de la persuasión. La intimidación es una forma de control de las personas, no de construcción de relaciones sanas y se funda principalmente en la fuerza y la amenaza. La idea subyacente debajo de interpretar mejor las microexpresiones y el lenguaje corporal es que seamos comunicadores más eficaces y expeditivos en una sociedad sin necesidad de recurrir a la violencia, este es un arte de sutilezas y ahí radica su belleza.

El miedo transforma un rostro con cejas levantadas y contraídas, al mismo tiempo que se forman arrugas en el centro de la frente. Los párpados superiores permanecen levantados, ampliando el campo visual y los labios lucen más estrechos y tensos, incluso retraídos.

- **Desprecio**

El desprecio es una emoción que manifiesta el deseo de menospreciar a otro, a sus dichos o a sus circunstancias. No es una expresión de superioridad fáctica, sino de autopercepción como superior y al otro como inferior. Porque el desprecio siempre está enfocado en quienes son considerados de menor valía o quienes se tiene la creencia que deberían serlo.

Una de las microexpresiones que sirven para identificarlo es que una de las esquinas de la boca se encuentra levantada en actitud sobradora.

- **Felicidad**

La felicidad no es tanto un indicativo de sospecha como la falsa felicidad, por eso en el punto siguiente hablaremos de los mensajes que dan las sonrisas.

La felicidad se manifiesta con las comisuras de los labios hacia atrás y arriba. Esto hace que las mejillas se encuentren levantadas y se formen arrugas debajo del párpado inferior y también patas de gallo.

Una sonrisa honesta tiene esas patas de gallo que no son controlables de manera consciente. Las comisuras de los labios van hacia arriba, por contraposición a una sonrisa forzada donde las comisuras de los labios se extienden de manera horizontal, y se observa el primer nivel de los dientes superiores.

La Sonrisa

El sonreír es una de las emociones más básicas del humano y empieza a aparecer como reflejo social entre la cuarta y sexta semana de vida. El bebé sonríe en respuesta a un estímulo, más adelante aprenderá a discriminar las caras de las personas que lo rodean y comenzará a sonreír selectivamente, pero la primera sonrisa es celebrada porque es un indicativo de un desarrollo saludable. También, el retraso en la aparición de la sonrisa social es considerado una señal de alarma.

La acción de sonreír es un fuerte forjador de vínculos sociales y culturales, conforma la identidad de comunidad y contribuye al bienestar propio y de las personas circundantes.

Una vez escuché la historia de que en el bolsillo de un suicida, la policía encontró una nota que decía "si alguien me sonríe hoy, no lo haré". El poder de una sonrisa genuina es transformadora y sanadora.

También es una herramienta muy útil para mejorar el desempeño social. Una forma de obtener mejor trato cuando pedimos ser atendidos en algún lugar, usando una técnica de lenguaje corporal, es sonreír sinceramente ¡y no desanimarse! El reflejo condicionado desde pequeños es regresar la sonrisa cuando se nos ofrece de manera afable y sincera. Algunas personas acostumbradas al trabajo burocrático donde habitualmente son maltratados por los clientes pueden tener resistencia a la sonrisa, porque tienen trabajos que fomentan la suspicacia y la sospecha, pero en un 90% de los casos la persona regresará la sonrisa y tendrá un trato más agradable con quien les sonría.

Cuando sonreímos con poca energía o de manera desganada, también obtenemos una respuesta similar de una sonrisa caída y poco efusiva. Por eso es importante que cuando deseemos influenciar en el humor ajeno con una muestra de buen humor, está nazca con sinceridad. A veces hay que conjurar un recuerdo positivo y distanciarse de la situación de cola, espera y hacinamiento donde nos encontramos, pero es algo muy posible. Además, al ponernos en el lugar de quien atiende ya estamos dando un paso en dirección a despertar su empatía, nosotros estamos realizando un trámite y nos iremos pronto, el otro debe permanecer en ese espacio de hostilidad constante. Una sonrisa nos abrirá puertas que antes teníamos cerradas y que quizás ni siquiera conocíamos.

Además, coincido plenamente con el comediante Charles Chaplin, quien dijo en una ocasión que "un día sin sonreír, es un día perdido". El beneficio del lenguaje corporal es que está tan conectado con nuestras emociones, que uno influencia en el otro y se retroalimentan mutuamente. Buscar razones para sonreír te hará una persona más feliz y más conectada con tus emociones positivas, mejorando tu presentación ante los demás y obteniendo interacciones más positivas y beneficiosas. Como vimos al inicio, es tan importante leer a los demás cómo ser conscientes de lo que estamos proyectando como emisores. Si proyectamos solo emociones negativas, los receptores de nuestros mensajes estarán mayormente a la defensiva , pero si proyectamos felicidad y confianza, entonces obtendremos reacciones similares y seremos más valorados por nuestra comunidad.

Una sonrisa falsa puede ser identificada por la falta de presencia de las patas de gallo antes mencionadas, ese microgesto es imposible de falsear o imitar, porque no las personas normales no tienen control voluntario sobre esos músculos. Aunque pueden influenciarse al conjurar un pensamiento feliz que acompañe la intención de sonreír.

¿Cómo convertirte en una persona de sonrisa fácil y gozar de los beneficios de ello? La única forma es vivir y tener un arsenal de recuerdos que nos hagan sonreír sólo con rememorarlos. Una sonrisa es como el *Patronus* de Harry Potter, un hechizo diseñado para alejar las malas vibras que se puede conjurar solo recordando un recuerdo feliz trascendental. El recuerdo no tiene que ser grande ni ostentoso para funcionar, no es necesario tener como experiencia de vida el ganar la loteria o descubrir la cura al cáncer, a veces los recuerdos que más felicidad pueden conjurar son los más simples. Un chiste que nos hizo reír de niños durante semanas puede seguir teniendo poder en nosotros de adultos, una canción que asociamos con una tarde relajada de lectura, una persona o un lugar. La mente es una herramienta poderosísima y los recuerdos nos componen como los individuos que somos, hacer introspección nos permitirá tener a mano momentos felices para poder conjurar nuestra mejor sonrisa cuando sea necesario.

La sonrisa nos transforma, los rostros se ven más bellos y la voz adquiere otra tonalidad, por eso también podemos saber por teléfono si alguien está sonriendo. También, es más posible persuadir de un punto de vista cuando se está sonriendo, porque transmite la impresión de que desde el punto de vista que uno plantea, se es más feliz.

A veces nos pueden sonreír falsamente, lo cual indica desconfianza y resguardo de las verdaderas emociones. Este tipo de sonrisa se identifica porque faltan las patas de gallo al costado de los ojos y los labios están ligeramente metidos hacia adentro. Al buscar hacer que alguien entre en confianza contigo y se relaje para que esté receptivo o receptiva a tu conversación y argumentos, hay que prestar atención a la sinceridad de la sonrisa. Una sonrisa falsa indica que estas generando una incomodidad contraproducente para tus objetivos.

Contacto Visual

Los ojos son llamados desde el renacimiento y su poética, "la ventana del alma" y probablemente sea a lo que más se le presta atención al entablar una conversación o al conocer a alguien. Hacer o no hacer contacto visual es un gran indicio de la personalidad y de la seguridad de una persona.

Cuando alguien se presenta y baja la vista, hablándole al piso, está irradiando inseguridad. Lo contrario es para quien mira a los ojos francamente, pero, estate atento, el mirar a los ojos no es un indicativo de absoluta sinceridad, ya que los mentirosos patológicos siempre estarán observando tus reacciones y no temerán mirarte a los ojos primero.

Considero que antes de empezar a especular sobre la falta de sinceridad de alguien, uno debe tener al menos tres indicios independientes para respaldar su teoría.

Cuando la mirada de la persona no está baja pero parece deambular entre diferentes puntos del cuarto u observa el reloj o el teléfono continuamente, es que la persona está ansiosa por irse. El mirar el reloj ya está muy extendido como frase de impaciencia en lenguaje no verbal, pero en el último tiempo el mirar el celular se asimiló en totalidad.

También, hay miradas que son más habituales de las personas masculinas. Por ejemplo, el mirar hacia arriba, levantando el mentón es más común en este tipo de personas con energía masculina, indicando una autopercepción de superioridad y un desdén por el interlocutor. Mientras que las personalidades femeninas tienden más a mirar hacia abajo y cuando lo hacen con alguien de menor estatura, mirando desde la altura, es el típico reto materno, si le sumamos las manos en jarra a los costados o un dedo señalando. La mirada entre iguales debe mantener poca diferencia de estatura y no es una utopía, quienes busquen generar una situación de igualdad preferirán tener las charlas importantes sentados o buscarán situaciones de paridad para mirar a la persona de frente.

Capítulo Siete:

Otros Gestos

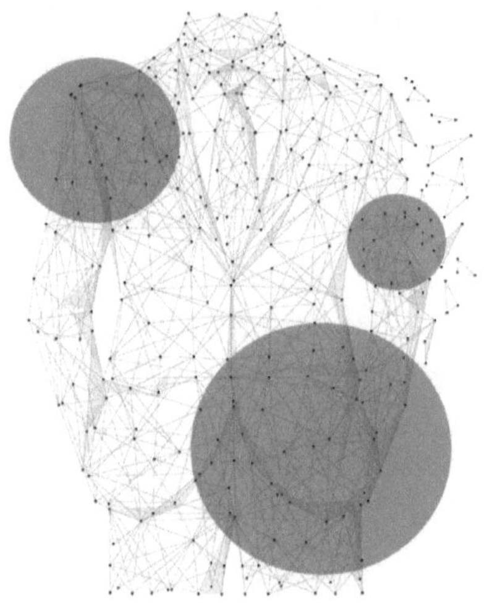

¿Hasta dónde vale la pena insistir con un tema que nos importa? Los temas de conversación se agotan, los caminos para el convencimiento se truncan y corresponde cambiar el acercamiento para lograr el resultado deseado. Es importante también poder reconocer estos gestos que indican que estamos hartando o cansando a una persona, ellos nos permitirán notar cuando la conversación debe dar un giro para no perder a nuestro interlocutor y con ello todo el trabajo realizado en intentar convencerlo o ganar su confianza. Evitando evitar incomodar a una persona.

Como podrás notar en la lista que sigue a continuación, la mayoría de estos gestos refieren a una comezón o un picor pequeño en diferentes lugares del cuerpo. La picazón se produce por una contradicción interna entre lo que el emisor dice y lo que está sintiendo o pensando. La mayoría son reacciones fisiológicas porque el cuerpo no está diseñado para engañar, el cuerpo es genuino y no comprende de las cortesías de las mentiras blancas, se mueve empujado por impulsos provenientes de instintos, emociones basales y reacciones ancestrales de supervivencia. Ahora, el cuerpo puede confundirse por recibir diferentes impulsos o por percibirse entre amenazas falsas, lo importante en estos análisis no es tomarlo como un indicador de mentira y acusar al emisor del mensaje no verbal de lo que está diciendo sin darse cuenta, sino notar su incomodidad y aprovechar la advertencia para girar la conversación a otros temas o alterar la forma en la que se realiza el acercamiento.

Comezón Bajo La Nariz Pasando Solo Un Dedo

Este gesto ya fue referido con anterioridad, es también conocido como el "saludo universal del alérgico", en el cual el emisor se rasca la parte baja de la nariz con el borde superior del dedo índice. Cuando son personas con alergias severas se convierte en un tic, porque la continua irritación de la nariz hace que esta sea la forma más sutil de rascarse.

Cuando no se trata de personas alérgicas o son personas alérgicas, pero que no están pasando por un ataque, me refiero a que no es época de primavera o de otoño principalmente, este gesto indica incredulidad por lo que escucha o lo que dice. Es un sutil "algo huele mal" y se manifiesta en un pequeño picor en la parte baja de la nariz. El rascado puede ser con el primer nudillo del dedo índice o con el segundo, siendo el segundo un indicador de mayor incredulidad.

Comezón Bajo La Nariz Rascada Con Índice Y Pulgar

Aquí el rascado no es sutil, hay un pellizco de la nariz entre el dedo índice y el dedo pulgar. No es habitual en alérgicos, así que no se presenta la posible confusión del gesto anterior. El rascado puede ser rápido o extenderse, incluso como si el interlocutor frotara la punta de la nariz con los dedos como si fuera la punta de un taco de billar.

Cuando este gesto es acompañado por un descenso del rostro, un bajar de la cara, indica que se está intentando evitar una discusión. También hay incredulidad, no se cree lo que se escucha o lo que se dice, pero se quiere evitar la discusión aunque genere franco disgusto lo que se oye.

Si el movimiento de los dedos tuerce suavemente la nariz hacia la izquierda, el malestar es emocional y el desacuerdo se basa en un sentimiento, mientras que si el gesto tuerce ligeramente la nariz hacia la derecha, es un desacuerdo intelectual y de principios el que se busca evitar.

Comezón Detrás De Las Piernas

La sabiduría del cuerpo y los instintos primigenios, además de las reacciones automáticas del organismo, hacen que ante una amenaza el corazón aumente la irrigación sanguínea a las zonas donde ésta es necesaria. Cuando el cuerpo se prepara para huir y salir corriendo, el aumento de irrigación se registra en las piernas y los miembros inferiores.

Por eso es que se produce una comezón en la parte trasera de las piernas cuando el enunciador del mensaje no verbal siente deseo de escapar de la situación en la que se encuentra. El rascado detrás de las piernas se interpreta como una necesidad de huir contenida por las convenciones sociales.

Comezón En La Parte Interna Del Codo O Más Arriba

Si al preguntarle algo personal a alguien, este se

rasca el codo o más alto en el brazo, es signo de incomodidad a causa de la interrogante recibida. Por ejemplo, si al preguntarle a una chica si está sola en un bar, ella lleva una mano casi al hombro para rascarlo, es que la pregunta la puso muy incómoda y posiblemente no sea receptiva a más intentos de conversación.

El rascado en la parte interna del codo también es una manifestación no verbal de incomodidad ante una pregunta o tema de conversación que recién se plantea, pero conforme más alta se presente la picazón dentro del brazo, mayor será la incomodidad percibida.

Comezón En El Ojo

Hay múltiples maneras de rascarse el ojo. La comezón puede ubicarse en el lagrimal y el rascado ser sutil, con la punta de los dedos o puede ser en el extremo exterior del ojo y estirar el párpado inferior al rascar. Otra forma de picazón que incide en el ojo es la que se da en la cuenca y normalmente es rascada con mucha mayor brusquedad, algunas personas incluso llegan a producir sonidos oculares al rascarlo con el nudillo del dedo índice.

La última forma de rascada mencionada, la "ruidosa", indica sueño y es un hábito muy copiado por los dibujantes de dibujos animados para sus personajes infantiles. Si una persona rasca insistentemente su ojo de esta manera, es probable que esté peleando por mantenerlos abiertos y en una actividad poco estimulante y aburrida.

El rascado más sutil, con la punta de los dedos en el lagrimal o en la parte exterior, incluso el que recorre todo el párpado inferior, indica un disgusto. Hay algo que el interlocutor ve, pero que no le agrada y no quiere manifestar verbalmente su desagrado. Entonces, al no verbalizar lo que siente, probablemente por condicionamiento social o conveniencia, su ojo manifiesta que no le gusta lo que está viendo.

Comezón En La Espalda

La picazón, comezón, cosquilleos y hasta escalofríos en la espalda, están asociados con lo mismo, con un deseo de huir no manifiesto. Las sensaciones poco placenteras que esto produce en la espalda están destinadas a impulsar al individuo a ir hacia adelante. Cuando alguien se rasque la espalda de manera discreta, está escondiendo un deseo de abandonar el espacio que ocupa y de huir.

Un rascado poco discreto y mucho más franco, probablemente sí se daba a una picazón momentánea. Recordemos el concepto de microexpresión, cuanto más pequeña sea una señal, más significado cargará y, por el contrario, cuanto más obvia y fácil de notar sea, hay mayores probabilidades de que se trate de una mera coincidencia. El arte de la lingüística corporal es, por esto mismo, un arte de sutilezas y observaciones y no debe tomarse a la ligera.

Comezón En La Oreja

La oreja también puede ser rascada en diferentes profundidades, cuanto más intenso el rascado, mayor el deseo de no escuchar lo que se está diciendo. Una persona que se rasca la parte externa de la oreja estará ligeramente disgustado con lo que está escuchando, mientras que una persona que hasta groseramente se mete un dedo en la oreja para rascarse, estará deseando extraer de su memoria lo dicho para ni siquiera querer recordarlo.

Deseo de Orinar

A veces, en medio de una conversación, uno o el interlocutor tiene un sorpresivo deseo de orinar. Normalmente, esta urgencia iría escalando paulatinamente hasta entrar en el área de nuestras sensaciones corporales de las que somos conscientes, pero aquí se presenta sin advertencia.

Este deseo de orinar está asociado con la situación que estamos viviendo y con una sensación de que se está produciendo una invasión territorial. Así como los animales marcan el territorio con la orina, dentro de nuestros instintos más domesticados sigue latente este mandato biológico. La orina es un demarcador territorial natural y el deseo de hacer pis está asociado con una invasión que estamos sufriendo.

Existen dos situaciones en las cuales pueden darse, una es el deseo de orinar frente a una persona claramente dominante y avasalladora, el cual es también una muestra de sumisión, pero este tiene que estar acompañado con un lenguaje corporal acorde a la sumisión. Y otra opción es que, ante una invasión territorial, se despierte el instinto de demarcación, éste insta al cuerpo a reclamar el territorio en peligro y a asegurarse el dominio. Obviamente, como somos animales socializados y la cultura pesa, nadie va a ceder ante estos impulsos, ¡incluso perdimos la asociación racional de una cosa con la otra! Pero la falta de consciencia con respecto a que estamos sufriendo un ataque territorial, que a veces solo puede ser percibido de manera subconsciente y manifestado en un deseo de orinar pero sin ser racionalizado, puede desembocar en una cistitis por la falta de reacción ante el ataque.

Desplazamientos Hacia Adelante/Hacia Atrás

Un desplazamiento hacia adelante que fuerza al otro a retroceder, es un claro intento de avasallar y de reclamar territorio. Mientras que esta es una forma de exudar autoridad, el retroceder es una incomodidad y un deseo de proteger el espacio personal aun a costa de renunciar al territorio, a la autoridad y a la autoconfianza.

Este cuidado por el espacio personal donde se lo valora por encima de cualquier otro tipo de ventaja, es muy típico de las personalidades reservadas, ya que la profunda introspección en la que viven, convierte a su relación consigo mismo en el centro de su estabilidad mental y se reservan el derecho de admisión en su espacio personal muy seriamente.

Morderse Los Labios

Podemos dividir el morderse los labios en dos formas diferentes en relación a si es acompañado o no de contacto visual.

El morderse los labios evitando el contacto visual es un signo de incomodidad, de desear decir algo pero callarlo por temor. Cuando la persona que se muerde los labios esquiva la mirada, probablemente fijándola en el suelo y al costado, es porque está en una situación de incomodidad de la que quiere decir diciendo algo, pero calla.

Mientras, que el morderse los labios manteniendo un firme contacto visual es un claro gesto de seducción. Además de la diferencia en cuanto a la mirada, el primer morder tiende a ser nervioso y estar compuesto por pequeños mordiscos de los incisivos superiores sobre el labio inferior, mientras que el que mantiene contacto visual tiende a ser lento y deliberado, compuesto por mordiscos largos destinados a enrojecer el labio inferior y a lucir la carnosidad de la boca.

Rascado De Cuello

El rascarse el costado del cuello con la punta de los dedos, en un movimiento de arriba hacia abajo indica un picor en la garganta asociado con algo que se desea decir, pero que se calla por falta de conveniencia. Al faltar las palabras exactas con las que se quiere decir algo y para no caer en malas interpretaciones y conflictos, se calla.

La garganta es donde se forja la emisión de sonido y una participante incuestionable del lenguaje verbal habitual, pero también ella sirve para emitir mensajes no verbales por medio de toques, inclinaciones e incluso cambios de coloración.

Después de cierta edad, la piel del cuello pierde firmeza y empieza a colgar, el gesto de jalar de esta piel o jugar con ella también indica que hay algo que se está maquinando en lo verbal, hay algo que se desea decir pero que todavía no está preparado, faltan palabras, se está intentando frotar a la creadora de palabras para que las mismas broten como de la lámpara de Aladino.

Tos

Cuando una persona tose sin previo aviso ni razones médicas aparentes, es también algo que desea decir y que se le quedó trabado en la garganta. Y cuando se cubre la boca de manera muy cerrada, está bloqueando doblemente la emisión de ese mensaje. Cubrir la boca con una mano es cultural al toser, pero cubrirla con las dos o girar más de 90° para no toserle al interlocutor es un ocultamiento de algo que se quiere decir.

Después de las epidemias mundiales de gripe, se instauró el toser en el hueco del codo para evitar posibles contagios en espacios públicos al toser en la mano y para no andar esparciendo gérmenes al tocar lugares comunes como picaportes, sillas, pasamanos. Esto es un uso cultural e higiénico, no se interpreta diferente que el taparse la boca con las manos porque su razón principal de ser es una campaña de cambio cultural en base a un hecho global, no un movimiento inconsciente diferenciado que requiera una lectura especial.

Uso Del Espacio

Proxémica es la disciplina que estudia la relación espacial entre personas, la distancia que estas mantienen entre sí, el llamado espacio personal y su significado social. La misma varía también influenciada por el lenguaje corporal, por los mensajes no verbales que se desean enviar y/o se filtran, y por la formación cultural. Y la "proxemia" es cómo cada individuo percibe y utiliza el espacio propio, es la administración de las distancias con los otros y a quienes dejamos entrar en nuestro espacio.

Si bien la proxemia está delimitada por la personalidad de los individuos y sus relaciones, el factor cultural tiene mucha injerencia en este ámbito. Las culturas latinas soportan mucha más cercanía que las anglosajonas, por eso tiene fama de fogosa la sangre latina, mientras que los nórdicos o asiáticos, que guardan culturalmente distancias más grandes entre ellos, de distantes.

Con variaciones en los centímetros de referencia, puede hacerse una clasificación general de los tipos de distancias que sirva para el estudio. La misma puede variar y ser solo orientativa en cuanto a los números. Por ejemplo, un latino puede considerar que la distancia íntima es la que se mantiene a menos de 20 centímetros, mientras que un anglosajón no dejará entrar ni a sus familiares más cercanos a esa distancia salvo para situaciones especiales.

Dependiendo de dónde te encuentres será lo correspondiente a cada tipo de distancia, pero igual es importante conocer las generalidades.

Tipos De Distancias

• Distancia íntima: Es la que se da aproximadamente a menos a 50 cm o la longitud de un antebrazo. El contacto físico es casi inevitable, fácil y directo, se puede sentir la cercanía con el otro y esta no genera incomodidad. La distancia íntima está reservada para familiares, amistades cercanas y relaciones de pareja. Es una distancia que indica algún tipo de "complicidad".

Este tipo de distancia a veces es forzada en circunstancias donde no corresponde para lograr un efecto de cercanía artificial. Por ejemplo, el político en campaña minimiza la distancia social o pública a la categoría de íntima para obtener el apoyo de sus votantes. En un bar o local con música fuerte, se utiliza la excusa de escucharse mejor para acercarse y facilitar la seducción. Como esta distancia está tan fuertemente asociada con una relación de mucha cercanía, se suele usar para predisponer a la otra persona a adoptar una complicidad social más íntima.

• Distancia personal: Va de 50 cm a 1 metro, es aproximadamente la distancia de un brazo extendido. Este tipo de distancia no permite el fácil contacto físico, incluso existe la expresión de "mantenerlo a un brazo de distancia".

Indica una relación de cordialidad, donde las personas se conocen, no rehúyen el contacto visual pero tampoco están en la esfera del círculo íntimo de la persona. Como dijimos al principio de este capítulo, lo cultural juega un papel muy importante en la distinción de la distancia íntima y de la personal, en algunas culturas los matrimonios mantienen distancia personal estando en público y el saludo habitual es por medio de una reverencia.

• Distancia social: Va de 1 metro hasta los 3 metros. Es la destinada a extraños y desconocidos. Indica un grado de desconfianza y cautela, es más habitual que las mujeres hagan uso de este tipo de distancia cuando están con desconocidos que los hombres.

Es una forma de resguardo físico que permite una ventaja táctica en caso de necesitar poner más distancia ante una agresión. Cuando un hombre hace una pregunta a una mujer en la calle, como ser el consultar por una dirección o la parada del transporte público, la mujer mantendrá siempre una distancia social y, si se acerca para dar indicaciones, lo hará de manera cautelosa y desconfiada.

Mientras que los hombres rompen con la distancia social con mayor frecuencia con desconocidos, porque no tienen instaurada la cautela con la que el género femenino debe moverse por miedo a las situaciones de violencia sexual.

- Distancia pública: Va de 3 metros en adelante. Es la distancia que se mantiene desde un escenario, normalmente reservada a grupos grandes y situaciones de exposición pública. El emisor a esta distancia puede ser un profesor dando una clase o un expositor dando una conferencia, también un actor de teatro o un artista en vivo. Índica una exposición y requiere técnicas y experiencia para estar cómodo con este tipo de situaciones. La mayoría de las personas se ponen nerviosas al tener a grupos grandes de personas a distancia pública, porque se sienten y saben plenamente observados y, cuando hay casos de nervios escénicos o ansiedad social, la sensación es de ser juzgados o expuestos en sus defectos. Es una distancia que se maneja con la experiencia y es una de las preferidas de las personalidades más seguras y confiadas, junto con la distancia íntima, porque no hay una mejor forma de conocer a los otros que tenerlos o muy cerca o muy lejos, en la contradicción de contemplación específica o general de estas dos distancias se construye un panorama más completo.

La proxemia propia indica nuestro nivel de comodidad e incomodidad, pero debemos estar atentos a las señales enviadas por las demás personas, más si nuestra intención es agradarles, ganarnos sus favores o convencerlos de algo.

Por ejemplo, al intentar seducir a una mujer en un espacio reducido, si ella impone una distancia mayor o parece quedarse sin espacio para ampliar la distancia con quien intenta seducirla, es importantísimo que el hombre respete su proxemia —por más que el hipotético hombre del ejemplo esté cómodo con una distancia menor y desee acercarse—. Es la persona a seducir quien debe estar cómoda con la elección de la distancia, no quien lleva adelante la acción de seducción.

En la seducción con cualquier configuración de géneros y orientaciones, es indispensable leer el lenguaje del otro y buscar agradarle en base a esa lectura. La receptividad es indispensable y, todo lo que no sea permeable a las necesidades de la otra persona, se leerá como una falta de consideración y generará desagrado.

Es también interesante observar y respetar, que en las situaciones donde debe romperse la proxémica instaurada socialmente para el trato con extraños, existen reglas de lenguaje no verbal para no ofender a los demás al entrar en su espacio personal sin su deseo. No hablo de toques de carácter sexual indeseado, porque estos no tienen reglas de comportamiento posibles que eviten la ofensa. En estos casos de roces sexuales sin consentimiento, la ofensa tiene carácter delictual y, por ello, están sujetos únicamente a las reglas del derecho penal y no del lenguaje no verbal.

Me refiero a un roce de brazos cuando el transporte público está muy lleno, un empujón en el ascensor a rebalsar o un roce de caderas por el movimiento del transporte. En estos casos de roces accidentales, de empujones y de invasiones al espacio personal del otro sin consentimiento pero sin intención, es regla social no escrita el evitar el contacto visual, el llevar los brazos cerca del cuerpo para minimizar la posibilidad de roce y el pedido de disculpas en automático. Si observas un transporte público en hora pico, notarás que la mayoría de las personas —al menos, los desconocidos—, rehúyen la mirada entre sí; la mayoría mirando hacia la nada, escondiéndose en el celular o un libro y/o mirando hacia abajo. También, la mirada intensa al otro sin justificación aparente es considerada una invasión del espacio personal.

Cuando una persona observa a otra al punto de ponerla incómoda, una forma de defensa es fijar la vista en los zapatos de quien observa instantemente. Como dijimos antes, los zapatos son un indicador de la personalidad, el estatus social y la situación económica. Esta acción de fijar la vista en los zapatos del otro, hará que quien observa se sienta juzgado y deje de taladrar con la mirada.

Conducta Táctil

Los mensajes no verbales no sólo se dan cuando tocamos partes del cuerpo propio, sino que el cómo tocamos o si tocamos a los otros también tiene un significado muy importante para la lingüística corporal. El tacto es un estímulo social que puede influenciar cómo nos ven y nos perciben, además de definir cómo nos presentamos ante los demás.

La construcción cultural también tiene una influencia muy marcada en las conductas táctiles, porque cuando el lenguaje no verbal trasciende el propio cuerpo y empieza a incluir al otro, lo cultural toma un peso más importante.

Clasificación basada en el pacto tácito:

• Conducta Táctil Profesional: Es la que invade el espacio personal de una manera que sería incómoda si no fuera por el permiso tácito que se entregó al plantear la relación demarcada. Implican siempre algún tipo de relación, normalmente laboral y es característico de algunas profesiones. Es el llamado "toque de médico", aunque puede incluir otro tipo de profesiones como el profesor de golf que acomoda los brazos de un alumno para que tire mejor, la examinación de un ginecólogo en consulta, el peluquero que mete las manos en el cabello de una cliente, entre otros. Este tipo de toques están definidos por los factores externos al contacto físico mismo y tienen un peso "profesional", porque quien inicia el toque está entrenado para hacerlo y lo realiza en una circunstancia específica. Que un médico toque el pecho de una mujer en el transporte público no será asimilable de ninguna manera a que lo haga en su consultorio, dentro de la realización de un examen mamario. La profesión no justifica el toque, sino la "situación de profesionalidad" y las circunstancias laborales.

• Conducta Táctil Social: No todas las profesiones tienen permitido una "conducta táctil profesional", solo las que necesiten de valerse del toque para lograr el cometido de su profesión. Mientras que es normal que un masajista, un sastre, un kinesiólogo, una cosmetóloga, toquen a sus pacientes o clientes, no estará bien visto el mismo tipo de toque personal en un abogado, un contador o un conductor de camiones. Además, la profesión define el tipo de toque, un peluquero no podrá tocar a sus clientes de la misma forma en la que lo realiza un pedicuro, aduciendo que su profesión permite la conducta táctil profesional.

La conducta táctil social, que también está asociada a ciertas profesiones y relaciones profesionales, es el toque cortes. Por ejemplo, será conducta táctil profesional el apretón de manos o el saludo con un toque de mejillas a modo de "beso".

•   Conducta Táctil de Compañerismo: Este tipo de conducta táctil es una evidencia de vínculos emocionales y se usa, principalmente, para manifestar afecto y/o cercanía. Son los abrazos, los suaves empujones de complicidad, caricias fraternales y varían de acuerdo a la cultura, el país y el segmento etario de los involucrados. Es normal que en generaciones más jóvenes sea más normal una conducta táctil de compañerismo más fuerte, incluso fusionándose con la conducta táctil amorosa platónica. Esto es así porque los jóvenes tienden siempre a ser más efusivos en sus afectos y las generaciones anteriores están formadas en patrones de conducta con mayor distancia prudencial, para evitar malos entendidos.

•	Conducta Táctil Amorosa: Este tipo de conducta táctil no está reservada para las relaciones de pareja, pero sí para las que trasuntan el mero cariño del compañerismo. Como su nombre lo indica, la conducta táctil amorosa indica un sentimiento más profundo, pero también puede aplicarse a amistades muy cercanas y familiares. Claramente, la pareja es receptora de este tipo de conducta táctil amorosa, pero no exclusivamente. En algunas culturas, está bien visto besar a los hijos en los labios e ir de la mano o el brazo con amistades, mientras que en otras, estas acciones, se reservan exclusivamente para la pareja.

•	Conducta Táctil Sexual: Tenemos dos tipos de variedades dentro de este tipo de conducta táctil. La primera es la que implica una relación físico-afectiva y las segundas las que son solo conductas sexuales sin compromiso emocional. La diferencia principal suele ser la intencionalidad del toque, mientras que en las relaciones físico-afectivas la conducta sexual busca reforzar el vínculo amoroso y prolongarlo en el tiempo, además de satisfacer el deseo sexual, en las relaciones sin compromiso emocional la intencionalidad es más acotada.

Cuando no medie una relación amorosa de por medio, las conductas táctiles sexuales tendrán como única finalidad la satisfacción de un deseo físico.

Los efectos que pueden tener el desconocimiento de este tipo de vínculos y pactos tácitos son amplísimos. Por ejemplo, tengo un conocido que tiene un hábito de saludo muy incómodo. La mayoría de las mujeres hablan de él a sus espaldas y tratan de evitar el tener que saludarlo poniendo distancia apenas aparece. Pero, ¿qué hace mal este conocido para generar tanto rechazo social, especialmente del género femenino? Desconoce por igual los límites de la conducta táctil y las convenciones del espacio personal. Al saludar a una mujer, él las besa en la mejilla —haciendo contacto de sus labios con la mejilla de la mujer, no el mero apoyar de mejillas de la convención social—, mientras la toma por la cintura y la acerca a su cuerpo. Aquí tenemos una doble invasión: por un lado el toque de sus labios con la mejilla no es apropiado para una conducta táctil social y, por el otro, el fijar la distancia por el otro con la mano en la cintura resulta, más que un sello personal, una ofensa.

En cuanto al contacto físico, si uno busca agradar a los demás y demostrar un amplio conocimiento de los manejos sociales, es siempre preferible estudiar el ambiente en el cual uno busca desenvolverse, teniendo en cuenta el trasfondo cultural y las distribuciones del espacio. No será lo mismo buscar acortar la distancia a íntima con alguien en un espacio amplio, que en un espacio cerrado donde podemos dar la sensación de estar acorralando; y tampoco será lo mismo saludar a alguien con un beso en la mejilla en un país donde esté instaurado que en otro donde sea una acción reservada para el saludo de parejas.

8 Errores De Lenguaje Corporal

La variedad de errores de lenguaje corporal que se pueden realizar son casi equivalentes a la cantidad de mensajes e interpretaciones disponibles. Es abrumador, pero solo cuando uno se detiene a pensar en ello, ya que la mayoría de las personas tienen el instinto de navegar los complejos mares de la lingüística corporal —al menos en la calidad de usuario, no de experto— y se manejan en lo básico de manera natural, pero al empezar a ser conscientes de los mensajes que emitimos constantemente, debemos tener en cuenta ocho desastres que pueden arruinar nuestra imagen de manera grave.

- **Bajar la mirada y la cabeza al presentarte o afirmar algo:**

Al realizar una afirmación, el interlocutor se verá confundido si no se mantiene el contacto visual natural. Como vimos anteriormente, evitar el contacto visual se interpreta como inseguridad y vulnerabilidad, por más que sea típico en ciertos tipos de personalidades.

Mantener una mirada tranquila, determinada y atenta con nuestro interlocutor es imprescindible para transmitir una imagen de seguridad y confianza. El evitar el contacto visual se entenderá como falta de confianza y hasta como un intento de encubrir la verdad.

Es imprescindible al presentarse con otras personas, porque como dice el dicho "nunca hay segundas oportunidades para primeras impresiones" y, de iniciar con el pie izquierdo, nos será muy difícil retomar un primer encuentro con alguien que ya se construyó una primera imagen de su interlocutor.

Si observamos a las personas exitosas y a los grandes oradores, esos que transmiten confianza, seguridad y proyectan la imagen de ser líderes natos, todos tienen en común que son grandes controladores de la mirada.

Tuve un docente de teatro que, cuando juntaba a

sus alumnos en ronda, se movía de tal manera que todos tenían la sensación de que les estaba hablando en particular. No era una cuestión corporal general, sino de administración de la mirada. Durante sus clases, él mantenía un panorama general de cada alumno y, al hablar, iba observando a los ojos a todos en diferentes momentos. Esto fortalecía el mensaje y transmitía una sensación de seguridad muy necesaria para las posiciones de exposición como la docencia y el teatro.

Por otro lado, he tenido la dolorosa experiencia de presenciar clases magistrales en auditorios donde el expositor no levanta la mirada de sus notas. Esto lo deslegitima como autoridad, porque genera desconfianza en sus conocimientos.

La importancia de la mirada ha sido estudiada en todos los ámbitos. Incluso cuando un político da un discurso en televisión, es importante el contacto de la mirada con la cámara, por eso se usa el teleprónter, también llamado apuntador electrónico, que permite que pueda leer el discurso mientras mira fijamente a la lente de la cámara, como si estuviera hablándole directamente al espectador.

- **Fruncir el ceño o el entrecejo al escuchar:**

Cuando empecé a prestar atención a mi lenguaje corporal, me di cuenta que hacía esto muy habitualmente. Creía que me daba una expresión de concentración en lo que estaba escuchando, pero lo cierto es que estaba cayendo en un error de principiantes muy habitual. Estaba confundiendo la escucha activa con una crítica activa.

El fruncir el ceño o el entrecejo al escuchar a otra persona borra la empatía del rostro y genera una impresión de crítica. La escucha activa es amable y no es juzgadora, dejándonos permear por los argumentos ajenos. Este tipo de escucha que parece algo sumiso es en realidad una gran herramienta de transformación social, porque las personas son más propensas a beneficiar a quienes los escuchan y prestan atención, además, el escuchar los diferentes argumentos antes de tomar una decisión es una cualidad de los líderes empáticos. El estar seguro de la propia voz implica poder escuchar las otras y no debe ser considerado un gesto de vulnerabilidad, sino de confianza y seguridad.

Siempre que recuerdo la expresión que ponía al escuchar a otras personas, la cual denotaba incredulidad o desconfianza, recuerdo el dicho que dice que uno debe ser como el junco, doblarse con el viento para no quebrarse y consigo brindarle al otro una buena escucha activa, de la cual ambos podemos beneficiarnos.

Para ser un buen lingüista corporal uno debe conocer a los demás, pero primero conocerse a uno mismo. Por eso te invito a hacer introspección y observación, ¿qué vicios corporales tienes que transmiten los mensajes equivocados? A veces queremos parecer confiados y seguros, y solo conseguimos proyectar una imagen de desconfianza o de hostilidad, es importante no confundir ni mezclar los mensajes porque cuanto más claro transmitamos lo que deseamos emitir como mensaje, más claro llegará al interlocutor que no tiene la formación teórica para leer el lenguaje corporal y solo se mueve por sus percepciones instintivas. Los instintos de los otros son una ventaja para quienes son conscientes y saben de lenguaje corporal, porque es sobre sus percepciones que uno puede construir un mensaje intencional.

- **Falta de sonrisa:**

A veces la vida es dura, pero el negar la sonrisa a los demás hace que las personas se pongan en guardia y genera más dificultades en el camino. La sonrisa, como ya vimos, es instintiva y evolutiva, y está asociada con un montón de sentimientos positivos no solo en nosotros mismos, sino en todos los integrantes de la especie. Incluso reaccionamos positivamente a la sonrisa de animales, hay razas de perros que son conocidas por "sonreír" y esto es algo que los criadores cultivan.

El no sonreír da una impresión de distancia constante y pone una barrera con las demás personas que, instintivamente, se responde de manera similar. Cuanto menos sonrías en tu vida diaria, menos personas dispuestas a sonreírte y a tratarte con afabilidad encontrarás. Es más probable que alguien de pocas sonrisas siempre se encuentre con exigencias más estrictas, personas intransigentes y falta de solidaridad, no es una cuestión de "suerte" sino que el sonreír acerca a las personas y construye un puente para el entendimiento. Sin sonrisa, no existe dicho puente.

Igualmente, es importante no sonreír de manera falsa, porque esto puede ser interpretado como una burla y una mofa al interlocutor. Entre la opción de sonreír falsamente y no sonreír, es preferible la segunda opción.

Tampoco quiero dar a entender que debemos ocultar nuestras emociones bajo una falsa sonrisa constante o que para triunfar en la vida hay que estar siempre feliz, nada más lejano de la realidad. Pero en situaciones donde uno busca el favor ajeno o necesita crear empatía con un individuo, una sonrisa sincera y amable es una gran herramienta facilitadora del terreno no verbal.

- **Morderse las uñas o llevar las manos a la boca:**

Dentro de esta categoría también voy a nombrar el tocarse o pellizcarse el labio con los dientes de manera no insinuante o pellizcarlo. Estos gestos resultan infantiles y denotan nervios e inseguridad, dando la sensación de que la persona que lo hace está ansiosa en extremo.

Acciones como esta arruinan cualquier imagen de autoridad, confianza y seguridad que tanto se busca cultivar al aprender a conocer el lenguaje no verbal, generando incluso incomodidad en las personas circundantes. Los nervios se contagian y nadie quiere estar cerca de una "bola de nervios", por eso, si se busca generar una buena relación con las personas y cultivar un ambiente propicio alrededor de uno, se deben evitar estos signos de nervios, ansiedad e inseguridad. Además, no es como si realmente sirvan para controlar el nerviosismo, normalmente lo agravan al dar una sensación de exposición y de culpabilidad.

El cuerpo solo sirve para canalizar el estrés en forma de síntomas, la verdadera batalla por la tranquilidad se lleva adelante en la mente del individuo. Unas técnicas básicas de meditación o mindfulness harán más maravillas para el estrés que morderse las uñas hasta desangrarse los dedos.

El ver a alguien con las manos en mal estado siempre predispone negativamente, produciendo una sensación de infantilismo y poca madurez para enfrentar el mundo. Por eso es tan importante el cuidado de las manos al ir a entrevistas de trabajo o realizar presentaciones a corta distancia. Las uñas pueden estar cortas o largas, eso ya es una preferencia personal que puede indicar una personalidad más práctica o más atenta al detalle o incluso la práctica de algún instrumento o deporte, pero el comerse las uñas solo indica una personalidad nerviosa y la dificultad de manejar las situaciones de estrés.

- **Ocultar las manos:**

Las manos mandan un montón de mensajes no verbales, por lo tanto ocultarlas es un signo que hace desconfiar a las personas. En la antigüedad el dar la mano para saludar surgió como una forma de mostrarle al enemigo que no se sostenía un arma, observamos la misma intención en el clásico grito de "¡manos arriba!" de la policía tan popularizado por la televisión y el cine, esto es así porque el mostrar las manos es una forma de generar confianza en el otro.

El ocultar las manos hace siempre sospechar sobre qué sostienen y qué se está maquinando con ellas, aunque uno las tenga solo debajo de la mesa por falta de espacio en una reunión concurrida, el mostrarlas de vez en cuando es casi una obligación social. Sino resultará sospechoso.

- **Parpadeos anormales:**

El mirar a los ojos es una constante en la mayoría

de las culturas y algo necesario para dar una impresión de seguridad y confianza, pero la forma en la cual se mueven los ojos y, particularmente, los párpados es también algo a tener en cuenta.

Muchas personas, al ponerse nerviosos, empiezan a parpadear de maneras anormales. El parpadeo puede ser acelerado, como a velocidad de colibrí, o inexistentes. Un parpadeo demasiado rápido o unos ojos que se secan porque parpadean muy poco llamarán la atención más que lo que se está diciendo. También, a veces el parpadeo acelerado es producto del picor producido por la sudoración del rostro ante una situación de tensión. En estos casos, es conveniente secar el rostro con un pañuelo y no dejar que las facciones del rostro se vean afectadas por la sudoración, será más distractivo un parpadeo anormal que el que el secado del sudor.

- **Taparse la boca cuando nos hablan:**

Al no saber qué hacer con las manos que siempre acompañan las palabras dichas mientras otro habla, algunas personas optan por llevarlas al rostro y cubrir la boca. Esto no debería hacerse, porque da la señal de que se quiere interrumpir al interlocutor con un comentario negativo y se opta por poner la mano ahí para callarlo.

Como vimos en la sección referente a manos, no da un buen mensaje no verbal el tener las manos cerca de la boca, mucho menos cubrirla.

En caso de no saber qué hacer con las manos mientras el otro habla, es preferible que las manos estén en posición de descanso donde pueden verse. Preferentemente con las palmas hacia arriba de manera receptiva y sin tensión.

- **Tener las manos húmedas:**

La transpiración en las manos o las señales visibles de transpiración en axilas o rostro no solo dan una impresión de mala higiene personal, sino que indican nerviosismo y ansiedad.

Es preferible estar atento a lo que se puede controlar de este tema con buenos desodorantes y cuidado de la higiene. Y en relación a la transpiración de las manos y el rostro, es conveniente tener un pañuelo de tela siempre a mano para secarlas rápidamente.

Antes de dar la mano siempre es importante revisar que la misma no esté sudorosa, porque de estarlo generará incomodidad, pero es tampoco recomendable limpiarla de manera obvia en la ropa. Es mejor guardar un pañuelo en el bolsillo del pantalón y secar la mano discretamente justo antes de darla.

Otro tema en relación con este es la selección de un perfume, los mensajes relacionados a los olores darían para otro libro completo. El ser humano siempre está procesando información recibida por todos los sentidos, por lo cual es importante estar atentos a los mensajes que enviamos con nuestro cuerpo en totalidad. En caso de no estar seguro sobre si un perfume es apropiado para una situación o no contar con presupuesto para comprar una fragancia de calidad, siempre es preferible optar por los perfumes de los productos de limpieza corporal

—jabones y productos capilares— porque los perfumes de imitación son fáciles de reconocer y cambian de maneras impredecibles durante el día. La falta de perfume no llamará la atención tanto como la selección de uno erróneo o de una fragancia barata. El perfume se usa para añadir distinción y crear una imagen olfativa agradable, seductora y acorde a nuestro sello personal, la mala elección del perfume puede tirar por tierra gran parte del trabajo sobre el lenguaje corporal.

Capítulo Ocho:

Cómo Reconocer A Un Mono Con Hoja De Afeitar

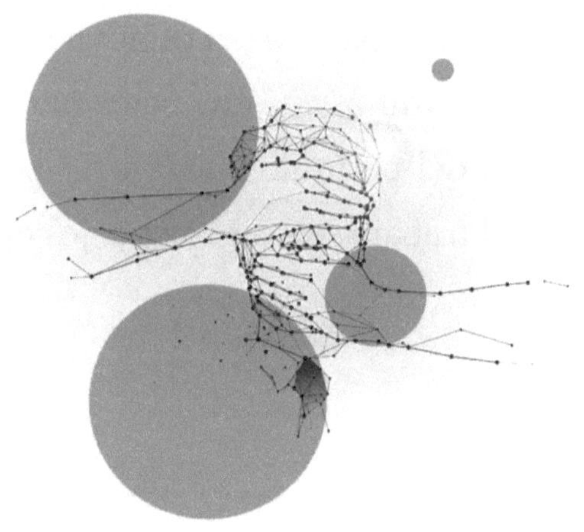

Las personas tóxicas, los manipuladores, los perversos narcisistas, los psicópatas y las grandes categorizaciones que viene haciendo la psicología y el folklore popular de lo que, a groso modo, son personas con las que no querríamos entablar una relación cercana, son también parte del estudio de la lingüística del cuerpo. Esto es así porque estas personas hacen del lenguaje verbal su campo de juego, tienen normalmente el don de la palabra y es eso lo que los hace tan peligrosos para el resto de las personas que los rodean.

¿Qué significa que tienen el don de la palabra? Significa dos cosas. Por un lado, significa que estas personas manejan en profundidad el lenguaje verbal y que con él podrán tocar a los otros como si fueran instrumentos musicales, haciéndolos sonar al ritmo de sus caprichos personales y, por exclusión y analogía, que el mismo don no se traspola a lo corporal.

Hay muchísimos estudios sobre las etapas de seducción del manipulador, formas de identificarlo cuando ya pasó el hecho y el daño a la propia psiquis ya es irremediable, pero todas estas formas de identificación requieren de la experiencia previa y, porque la palabra solo es procesada después de ser dicha y a posteriori, de que se produzca un sufrimiento. Lo mismo que la manipulación emocional, uno ve el efecto residual y pocas veces puede ser consciente del hecho mientras el mismo se está produciendo.

La ventaja del lenguaje corporal es que, a diferencia del verbal, es más fácil identificarlo y estudiarlo durante su producción y no a posteriori. El lenguaje del cuerpo es inmediato y suele escapar a la memoria a largo plazo, es registrado y analizado en instantes cuando no es grabado por medios audiovisuales o descripto en largas y detalladas notas para el estudio académico.

En este punto te estarás preguntando por qué el título de este capítulo: "Cómo reconocer a un mono con hoja de afeitar" si estos individuos son tan peligrosos, nocivos y, en su gran mayoría, particularmente inteligentes. Porque ese desempeño espectacular que puede causar destrozos en el autoestima de otras personas, generar relaciones codependientes, aislamiento social y destruir familias, carreras y vidas, no tiene su equivalente en el lenguaje no verbal. Einstein decía que, si juzgamos a un pez por su habilidad de trepar un árbol, vivirá su vida creyendo que es un estúpido. Las personas tóxicas son siempre juzgados por su habilidad para trepar árboles, el lenguaje verbal es el más difundido y el más instaurado, lo cual facilita que esa sea la vara con la cual se mide la inteligencia y el desempeño eficiente en las relaciones e intercambios comunicacionales. Pero cuando se trata de lenguaje no verbal, es el equivalente a juzgarlos por sus habilidades de nadar en las profundidades del océano.

La categoría de personas que conviene evitar para tener una vida sana emocionalmente, no destaca por sus habilidades en lingüística del cuerpo. Sí, pueden ser excelentes lectores, pero sus emisiones de mensajes siempre tienen alguna particularidad que permite su identificación.

Es importante que sepas que el análisis corporal no es lo único que te permitirá identificar a este tipo de individuos, pero es un indicador inmediato que te permitirá estar alerta para identificar la presencia de otros indicios. También hay que tener cuidado porque muchos de los gestos, mensajes y hábitos físicos que van a ser detallados en esta categoría, pueden a su vez ser adoptados por personas ansiosas o personalidades reservadas, que también tienden a intentar controlar su lenguaje corporal de manera artificial.

Una persona nociva puede intentar manejar los mensajes que envía su cuerpo, pero le resultará más difícil porque no es su ambiente. El cuerpo reacciona a impulsos emocionales, si bien se lo controla de manera consciente para ciertos movimientos, las emociones siempre están detrás del volante en su manejo y, como las personas nocivas tienen una relación compleja y antinatural con las emociones, trasladan eso a sus reacciones físicas y a los mensajes corporales que emiten.

La identificación de un individuo nocivo o un depredador humano debe nacer, como cualquier lectura, de un análisis global entre sus mensajes verbales y no verbales. Además de una íntima disección de los efectos emocionales que tienen en nosotros. Pero estos signos de advertencia deberían ser siempre escuchados por encima de los mensajes verbales que proyectan falsa seguridad.

Los nocivos usan a las otras personas como objetos, por lo cual no ven ninguna contradicción en la manipulación verbal que realizan de manera constante y su cuerpo estará en sintonía no con lo que dicen, sino con la tranquilidad que les da el realizar esa manipulación. Una persona que miente esporádicamente, que quiere salirse con la suya en una conversación en particular a cualquier costo o que necesita ganar un argumento por razones que no son solo el ensalzamiento de su propio ego, no será una persona nociva ni un depredador humano, solo estará teniendo un comportamiento nocivo o ventajista por una necesidad o situación puntual.

Pero hay ciertas corporalidades que compartirán las personas de esta categoría y que te permitirán estar alerta a lo que salga de sus bocas, porque la advertencia no verbal es algo de lo que no pueden desprenderse.

Actitud

Son abnegados y románticos en exceso pero sin que esto les modifique el cuerpo. Esta característica pertenece a la llamada fase de seducción y, si bien engloba un conjunto de comportamientos, también tiene su raigambre en lo corporal. Cuando un individuo con las características de persona tóxica hace a alguien su foco de atención, lo hará sentir el centro del universo, no será un romance "natural y paulatino" sino que será una explosión abrumadora de gestos destinada a hacer bajar la guardia de su víctima y a alzarse como un ser perfecto.

Todos tratamos de vernos mejor en las etapas iniciales de una relación, pero la persona tóxica lo hará con un nivel antinatural de narcisismo. A lo que hay que estar atentos, es a que la corporalidad no acompañará estas muestras deliberadas de atención. Ya vimos las características del desinterés en el cuerpo, los pies que apuntan hacia otro lado, los cuerpos que se alinean en direcciones contradictorias con los dichos, entre otros, esto se manifestará mientras que su lenguaje verbal estará gritando interés.

Mientras que estos individuos realizan acciones constantes para sobresaturar de atenciones y afecto a su foco de atención, físicamente no demuestran un interés genuino, porque tienen un nivel de energía superior al resto de las personas que les permite focalizarse en una persona sin invertir emocionalmente.

En cuanto a su forma de hablar, proyectarán más la voz y tendrán gran control de los tonos comunicacionales. Como mencioné en la introducción de este capítulo, tienen el don de la palabra y dentro de su dominio son reyes y reinas, manejan herramientas retóricas entonaciones, chantajes emocionales y diferentes formas de manipulación verbal. Pero es probable que haya momentos donde esta proyección de la voz se eleve sin razón aparente, la emoción más familiar para estas personas es la rabia, la cual puede infiltrarse incluso por sobre su excelente control vocal.

También, serán personas con una actitud altanera y exigentes en cuanto a que los demás se acomoden a sus preferencias. Por ejemplo, al momento de saludar nunca renunciarán a su altura, haciendo que los otros se tengan que agachar o estirar para poder saludarlos, no variarán su paso para acompasarse al andar de otra persona ni tendrán en consideración la seguridad del otro.

Comportamientos De Acción

Las personas dañinas no serán solo las que buscan manipularnos, sino que también quienes lastiman con esos comportamientos desgastantes que van dañando la psiquis y cansando las relaciones. A veces es una cuestión de falta de atención, de desgaste por la vida cotidiana, pero estas acciones van causando un daño y, cuando se suman a las características antes nombradas, son un mayor indicativo de que estamos en presencia de un mono con hoja de afeitar.

Los gestos y sonidos de desprecio, son algo que

está entre lo verbal y lo no verbal, porque no son palabras pero tienen un claro mensaje de burla. A veces cuando se hace un comentario, la respuesta con un sonido resulta despectiva.

Los tonos de voz agresivos o pintados con desprecio en presentaciones y respuestas. Esto se agrava en categoría si ocurren en situaciones públicas o donde los testigos sean personas que valoren al interlocutor que la persona tóxica busca minimizar.

El trato grosero puede verse claramente en la verbalidad y es una característica de este tipo de individuos, que así como pueden ser lo más dulce del mundo, no tienen filtro social para el vocabulario que usan y tienden a la agresividad verbal, no usarán "por favor", "gracias" ni serán capaces de decir "perdón" o "lo siento", también emitirán sos pedidos con tono de orden.

Y también hay una agresión en el manejo de los objetos. Al pedir un objeto que estas personas tienen cerca, si conseguimos que acepten facilitarnos algo, nos lo tirarán de manera despectiva. Lanzamientos de objetos imposibles de atrapar o tirados con asco, como si lanzaran un hueso a un perro.

Corporal

La corporalidad de estas personas puede confundirse con la de las personalidades reservadas o personas con ansiedad social, porque tienden a tener movimientos corporales más discretos. No gesticulan con las manos al hablar, a menos que sea de manera agresiva, y tienden a ser reservados con su lenguaje corporal. ¿Por qué es esto? Porque subconscientemente saben que el lenguaje no verbal es su falencia y no están cómodos enviando mensajes con este tipo de lenguaje, prefieren llevar al interlocutor a la plática verbal, donde ellos tienen la ventaja. Mientras hablan, tienden a quedarse quietos o solo enviar mensajes agresivos.

Su postura natural es con el cuerpo erguido, rígido y altivo. No descienden al nivel de los demás. También, sus cuerpos están siempre en tensión, porque, como dijimos anteriormente, la rabia es la emoción que más manifiestan y suelen reprimirla con voluntad de acero para que no se note a menos que decidan exponerla. Esto hace que su cuerpo esté rígido, carente de fluidez en sus movimientos.

Exceso De Control

Cuando se trata de personas que buscan controlar a las demás, lo primero que intentan controlar es la propia corporalidad, pero eso no significa que lo consigan. Darán una impresión de trabados, quizás sí impongan una figura de autoridad, pero no parecerán orgánicos en sus movimientos. Carecerán de fluidez y naturalidad.

Si los observamos ignorando sus palabras que bailan y sí tienen gran fluidez, sus cuerpos están tiesos y bajo control, como si tuvieran miedo de lo que pudieran expresar sin su consentimiento. Este exceso de control es natural, pero también deja filtrar las características que desarrollaremos a continuación. La tensión muscular también puede ser síntoma de una persona bajo mucho estrés, por eso es que ninguna de estas características en individual sirve para indicar una persona perjudicial para las demás, es el conjunto y la suma de lo que haga con el lenguaje verbal lo que permitirá su identificación, pero las señales corporales pueden dar una advertencia temprana para estar más atento a los mensajes dichos en voz alta y su efecto en la propia psique y salud emocional.

Lenguaje Facial

Hay una discordancia entre lo que expresan con su lenguaje facial y lo que expresa la mirada, normalmente dado por una falsa sonrisa. Por eso hacemos tanto énfasis en la importancia de la sonrisa y las formas de reconocer una genuina, porque la sonrisa es un indicador de que algo anda mal. La sonrisa falsa de estos individuos no llega a los ojos y se tira ligeramente hacia abajo.

Esto también es un signo de contención física, porque tratan de controlar su sonrisa y les sale una mueca rígida donde el lenguaje no verbal los delata como que ocultan algo.

Mirada

Los ojos son el reflejo de las emociones internas y las personas en esta categoría tienden a tener miradas poco expresivas, carentes de profundidad y que producen una sensación de vacío. En concordancia con lo dicho en el punto sobre lenguaje facial, la mirada tampoco se condice con lo que están diciendo verbalmente. Es como que siguieran caminos diferentes: por un lado lo que dice la mirada impávida y por otro lo que dicen los labios, devotos y compradores. Esta discrepancia es un punto de atención

No es por nada que se llama a los ojos las "ventanas del alma" y que requieren tanta atención e importancia al entablar conversaciones, porque la mayoría de la gente habla con los ojos también. Desde niños, aprendemos a reconocer estas miradas, ¿a quien no le pasó que su madre, padre o abuela podía detenerlo en seco solo con una mirada de advertencia? Los ojos pueden adquirir dureza, suavidad, dulzura y una infinidad de emociones diferentes, pueden humedecerse, permanecer secos, entrecerrarse, dilatarse, abrirse más o arrugarse en los bordes, entre muchas otras opciones. Cada color de ojos tiene sus particularidades. Los ojos muy claros tienden a tener menos expresividad y sol tildados de "fríos" naturalmente, mientras que los negros son ojos más "misteriosos" porque resulta difícil el estado de la pupila dentro de la iris. También hay ojos que se ven afectados por el clima y cambian de color, pero las lecturas se hacen igual sin importar la coloración del iris.

Cuando hablamos de personas patológicamente dañinas, debemos estar atentos a que los ojos no son expresivos, generan una sensación de barrera o de distancia donde no se puede dilucidar lo que piensan o sienten en ese preciso momento. Estos ojos distantes y reservados, parecen ausentes y vacíos.

Los cambios en la pupila del ojo pueden ser difíciles de identificar, pero cuando sentimos miedo, pena, amor, alegría u otras emociones fuertes, la pupila se dilata. Los cambios de tamaño de la pupila, la expansión o la contracción, deben acompañar el despliegue de emociones volcadas en el lenguaje verbal, sino hay algo mal en la persona.

La mirada insistente y vacía, que persigue algo de manera casi mecánica es preocupante. Indica una personalidad fría y calculadora focalizada en algo de su interés. También, cuando las personas miran constantemente por encima de uno, es indicativo de que no le prestan una atención como personas, sino como un objeto.

Modo Ataque

El grupo de personas al que nos estamos dedicando en el presente capítulo tiene otra característica que los engloba y es la constante preparación para el ataque, pero no para la defensa. Ellos no perciben al resto de los seres humanos como un peligro para el que deban prepararse con técnicas de defensa, sino que son depredadores humanos que se nutren de las emociones que parasitan. Por lo tanto, se comportan como depredadores y están siempre preparados para saltar al cuello de su próxima víctima.

Importante

Una o dos de estas señales no son indicativas de una personalidad nociva, ni siquiera llamados de atención. Puede tratarse de una persona reservada o incluso de alguien amargado, pasando por un periodo difícil que lo lleva a comportarse de esta manera por la carga emocional que lleva. Por eso es que insisto con que los análisis siempre deben ser globales y debemos tener cuidado con llegar a conclusiones apresuradas porque pueden hacernos caer en las llamadas "profecías autocumplidas".

Pero cuando llegamos a la suma de los factores, agregamos la observación de los mensajes verbales a los no verbales y estudiamos el efecto que el individuo en cuestión tiene sobre nosotros, no tiene sentido negarlo, podemos estar en presencia de una persona de la que debemos alejarnos.

Capítulo Nueve:

¡Como Caer Bien Y Jamás Recibir Un No Como Respuesta!

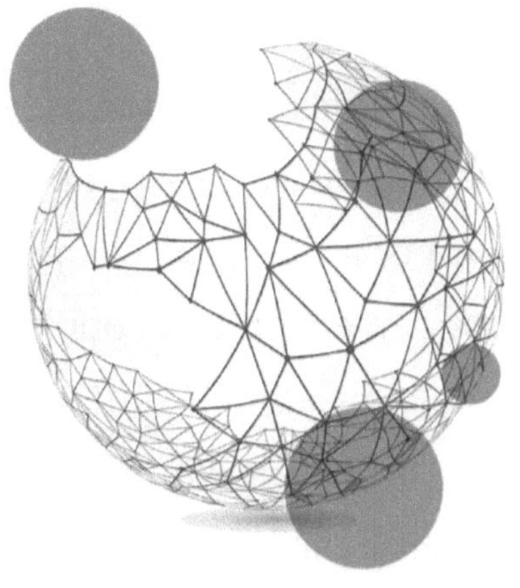

A los dos segundos de conocer a alguien ya podemos decidir si esa persona nos agrada o nos desagrada y, por consiguiente, si estamos inclinados a brindarles nuestros favores o vamos a hacerle remar para conseguir lo que desea. Ese primer juicio es instantáneo y está basado casi íntegramente en el lenguaje no verbal y la imagen que las personas proyectan sin darse cuenta.

Dos segundos y se predispone toda una relación e incluso una vida, por eso es que hay que prestarle especial atención a las primeras impresiones, más cuando estamos entablando la misma con un fin—por ejemplo, en una entrevista de trabajo, en una primera cita, en una presentación de trabajo o al rendir un examen oral o presentar una tesis— son situaciones donde caerle bien a alguien puede inclinar la balanza hacia la respuesta que tanto nos interesa o perjudicarnos. Las preguntas que pueden responderse por sí o por no y afectan nuestra entera vida son incontables, ¿tengo el trabajo? ¿volverías a salir conmigo? ¿cerramos el trato? ¿estoy aprobado? Se me ocurren infinidad de ejemplos de situaciones en las que, sin que lo notes, toma dos segundos predisponer una respuesta.

¿Por qué esos dos segundos? Es una reacción instintiva con la que no se puede luchar, está ligada en los instintos de supervivencia donde ese es el tiempo que se dispone para decidir si alguien es una amenaza o un posible aliado, no podemos pelear contra ese instinto animal, ¡pero podemos usarlo a nuestro favor! Una buena primera impresión nos allanará el camino para lograr nuestros propósitos y facilitará la persuasión. Incluso se pueden ganar discusiones o zanjar problemas que parecían irremediables en el terreno verbal al tener un lenguaje no verbal asertivo y apropiado.

En el minuto y medio que le sigue a esos dos segundos, además, se demarcaran las relaciones de poder que definirán la relación. La primera impresión es breve, instantánea e instintiva, en la segunda empiezan a jugar lo cultural y los escalones sociales en los que nos desenvolvemos. Por ejemplo, te presentas ante un entrevistador. Lo primero que notará es cómo presentas tu cuerpo, tu vestimenta y tu olor, después to tono de voz, tu personalidad, tu vocabulario y tu educación. Tus antecedentes recién serán analizados en la etapa racional de la entrevista, pero la primera parte de la presentación ya estará fija en la mente del entrevistador y será difícil que cambie sus preconceptos.

Esto es muy importante por la simple y lógica razón de que lo emotivo mueve montañas. Un razonamiento podrá convencer a una persona lógica, pero un presentimiento o una emoción podrá mover a cualquiera y, normalmente, no sabemos qué tipo de mentalidad tienen las personas que conocemos. Además, las personas con autoridad, poder y bien ubicadas en los estratos sociales, manejan una mezcla de los dos y se enorgullecen de tener "buenos instintos".

Además, hay una modificación de la percepción de las personas basadas en sus preconceptos. Lo estuvimos desarrollando dentro de lo que llamé "predicción autocumplida", cuando alguien nos cae mal, se tienden a observar más sus defectos y, por el contrario, cuando alguien nos cae también queremos que "nos siga cayendo bien", por lo cual observamos lo mejor de esas personas. Es una trampa cuando nos enredados en seguirle buscando defectos a alguien o nos negamos a ver los errores de alguien que nos agrada, pero sabiendo que todas las personas se manejan de la misma manera es una ventaja de la que podemos valernos. A continuación, desarrollaremos diferentes puntos de interés y de atención a la hora de presentar una primera impresión y de buscar convencer a alguien de algo.

Convence Inteligentemente

Es muy probable que al momento de una presentación alguien vaya con el ego por delante. También en las discusiones. El ego, el orgullo y la soberbia son opciones de presentación negativas que nublan la objetividad propia y de los otros, porque se perciben aunque uno intente esconderlas y generan rechazo. A las personas las mueve hacia adelante solo el propio ego y buscan instintivamente bloquear el avance del de los otros. No es un concepto agradable, pero es como funciona el ser humano.

Por lo tanto, de igual manera al discutir como al presentarse no hay que perder de vista el objetivo principal: conseguir ese trabajo, aprobar ese examen, que la pareja acepte ir a comer con los suegros, etc. Y dejar el ego y sus consejos de lado. Una presentación o discusión inteligente es la que tiene un objetivo claro y no se deja distraer por las pequeñas ofensas. ¿Tu interlocutor no notó tu nuevo peinado? ¿no te ofreció algo de beber en un día caluroso o, simplemente, está muy malhumorado y no te sonrió ni una sola vez? Esas son ofensas al ego y hay que superarlas para no caer en un espiral de ofensas mutuas, donde jamás conseguirás predisponer positivamente a tu interlocutor y menos obtener lo que deseas de la presentación o discusión.

Copia el lenguaje no verbal

El ser humano es un animal social, vive y se define en sus interrelaciones con los otros. Y los grupos de confianza se conforman por personas con características similares. Es un rasgo evolutivo, el ser humano se encuentra en más confianza con quienes se le parecen, probablemente porque se favorezca instintivamente el componente genético similar.

Si bien la diversidad en las relaciones es sana y

algo a cultivar, lo habitual es que las personas se rodeen en sus círculos de amigos por personas que se le parecen. Es la manifestación del refrán "dime con quién andas y te diré quién eres", pero este prejuicio puede ser usado a favor en relación al lenguaje no verbal.

Esto es así porque la comodidad genética no está limitada a las características fisonómicas, también se genera con relación a las actitudes corporales. No es correcto y probablemente sea perjudicial el imitar el lenguaje corporal de un posible jefe, pero sí intentar copiar su seguridad y confianza. Mantenerse de pie cuando la otra persona lo esté o sentarse imitando la posición de sus manos. Cuando la otra persona adquiera una posición física de barrera —como lo es el cruzarse de brazos— un truco útil para hacerlo relajarse es iniciar copiando la postura e ir, lentamente, relajándola y desarmando el cruce de brazos. El paulatino descruzamiento, acompañado por una actitud afable y cada vez más relajada tentará al interlocutor a adquirir la misma postura. Es importante recordar que no solo el lenguaje corporal es una manifestación de los más internos pensamientos, sino que un cambio en la postura del cuerpo puede generar una influencia en las emociones subyacentes. Intenta el siguiente experimento: cruza los brazos muy apretados al cuerpo, junta las piernas y frunce el ceño, luego dí "no" con el tono de voz que te salga más natural. A continuación separa los pies en actitud relajada, extiende los brazos como para dar un abrazo gigante y muestra las palmas hacia adelante, sonríe y relaja el rostro, y di "no" con el tono de voz que resulte más natural a la postura adoptada. ¿Puedes notar una diferencia? Mientras que una postura fortifica la negativa, una la dificultad. Conseguir que el interlocutor vaya relajando si lenguaje no verbal es un paso en la dirección de influenciar su pensamiento y la fuerza emotiva con la que se aferra a su postura.

También, el lenguaje no verbal también se extiende a los silencios, por lo cual es preferible no hacer un monólogo si nuestro interlocutor es puntual y preciso en su forma de expresarse. Es parte de construir un terreno donde sienta afinidad.

Además, es de suma importancia respetar la proxemia con la otra persona. Si buscamos acoplarnos a sus gustos para que la presentación sea exitosa no podemos dejar de prestar atención a la distancia que nuestro interlocutor nos presenta. Los avances en la dirección de generar más confianza pueden hacerse pero con extrema cautela y cuando el interlocutor mantenga todas las señales corporales de receptividad. Ante la menor muestra de incomodidad del interlocutor hay volver a la distancia de proxemia que él marcó, porque es más fácil lucir amenazador, impaciente y avasallar al ignorar el espacio personal delimitado por alguien. Una buena forma para testar si el la distancia está delimitada holgadamente es extender la mano para buscar algo. Por ejemplo, en una mesa donde se realiza una presentación, el acomodar un papel para una mejor lectura conjunta es una forma no invasiva de entrar en el espacio del otro. Percibir y registrar su reacción corporal a ese acercamiento marcará la pauta de si es posible acercarse más o es mejor mantener la distancia prudencial. Estos intentos no deben hacerse al inicio de una conversación ni en una discusión acalorada, porque siempre la reacción será negativa, pero cuando los ánimos están relajados y la otra persona da la impresión de estar cómoda, una distancia más íntima o social pueden ayudar a cimentar un clímax de confianza.

Lo mismo la conducta táctil, en algunas culturas el saludar con un toque de mejillas que emula un beso es habitual incluso entre hombres, pero en otras solo se acepta el saludo dándose la mano. En esto debemos adaptarnos a la cultura del interlocutor, de querer imponer nuestra propia cultura podemos quedar como desconsiderados mientras, que de prestar atención a las preferencias ajenas, siempre quedaremos como cultos y respetuosos. Un consejo para las presentaciones es esperar a ver si nos tienden la mano o se acercan ligeramente. Entre mujeres está más instaurado el saludo con un beso en la mejilla, mientras que algunos hombres se ofenden cuando se los saluda de este modo en un ambiente laboral. Es importante el conocimiento del ambiente en el cual uno busca insertarse antes de intentar entrar, observar cómo se manejan las otras personas, qué tipo de presencia tiene nuestro interlocutor y qué tipo de personalidad creemos que puede tener. El lenguaje corporal nos adelantará mucha de esta información incluso antes de que se digan las primeras palabras.

Cultiva Una Apariencia Calmada

La ansiedad y los nervios generan rechazo, el apuro también. Cuando necesites algo no es buen momento para pedirlo entre apuros o cuando tengas demasiadas cosas dando vueltas por la cabeza, pide ese aumento cuando estés tranquilo, seguro de que te lo darán y sin problemas de salud transitorios evidentes. Ese será el terreno más ventajoso para tu pedido.

Si es una discusión a lo que te enfrentas, intenta posponer en caso de estar alterado. Es preferible pedir un rato para airear la cabeza que arrancar un intercambio de opiniones en menos que óptimas condiciones porque acabarás perdiendo la discusión.

También es importante mantener la calma durante la discusión, un ataque o comentario agresivo activará el sistema de defensa del ego del interlocutor y lo pondrá a la defensiva, convirtiendo lo que puede ser una discusión beneficiosa para ambos en una pelea de ladridos donde ninguno se escucha y solo buscan plantar su bandera más alta que la del adversario.

Escucha Activamente

Lo que el otro dice es tan importante como el propio argumento o incluso más, porque es la base sobre la cual se deberá afianzar lo que vayas a decir después. Nunca finjas escuchar, al contrario, escucha activamente y presta atención al lenguaje verbal y al no verbal. Así como tienes una necesidad dentro de la discusión, el otro también tiene la suya y necesita plantear su punto de vista y poder expresar lo que piensa y siente. No todas las discusiones tienen un ganador único, a veces las concesiones que se pueden hacer no son excluyentes, especialmente en relaciones de pareja o afectivas.

En relaciones laborales o profesionales es más normal que los puntos de choque no sean negociables, pero a veces se pueden armar intercambios beneficiosos para ambas partes al escuchar activamente al otro. No escuchar lo que el otro dice es como lanzarse a cruzar un terreno extenso sin haber consultado un mapa ni saber si será escarpado o llano, un mar o una selva. Mientras que escuchar al otro es saber a dónde nos dirigimos y qué tipo de terreno debemos cruzar para llegar a puerto. Quiero que imagines la posibilidad de emprender un viaje, ¿te animarías a zarpar sin tener idea del destino, clima, ecosistema o posibles imprevistos del viaje? Quizás existan las personas aventureras que desean simplemente lanzarse a explorar el mundo, pero en cuestión de discusiones ese mismo arrojo resulta siempre contraproducente. Lo más probable es que estas personas que no investigan y/o escuchan terminen naufragando o preparando ropa de invierno en pleno verano.

Tomate tu tiempo cuando discutas, convierte la discusión en una construcción conjunta que apunta a un mejoramiento de las condiciones para ambos. No siempre será posible, pero cuando mantienes un lenguaje corporal abierto, una apariencia calmada, una escucha activa e irradias accesibilidad, estarás instando al interlocutor a hacer lo mismo y a prestarte la atención que necesitas para hacerlo abrirse a tu punto de vista.

Irradia Accesibilidad

La postura en cualquier intercambio debe ser accesible, la impresión de accesibilidad se logra con un lenguaje corporal asertivo y manteniendo una expresión facial afable sincera, una sonrisa cordial también ayuda a construir una imagen de razonabilidad y buen trato. Esto ayudará a que la gente reaccione en espejo y también nos beneficie con una postura receptiva.

La receptividad física se hace después psicológica y son pocas las personas que pasan de la comodidad y tranquilidad a la negatividad, por el contrario, quien se encuentra cómodo y a gusto tiene una predisposición emotiva a las afirmaciones positivas que buscan mantener y perpetuar el estado de contento.

Lenguaje No Verbal Abierto

En relación con el punto anterior, el lenguaje corporal debe tener un énfasis en la permeabilidad. Las personas que dan una imagen de inamovilidad despiertan esta misma postura en los demás, por lo tanto es importante que mantengas una imagen de escucha activa y de apertura a lo que te dicen. No basta con escuchar al otro, esta escucha debe notarse en el lenguaje verbal.

Evita tapar tu boca, tocar tus oídos, cruzarte de brazos o encorvar la espalda. La postura ideal es relajada, con el cuerpo derecho y tratando de no emitir mensajes corporales de cierre o de barrera. Notarás que al adoptar estas posturas receptivas, también la mentalidad te permitirá encontrar nuevas opciones y salidas que antes no estabas observando.

El arte de obtener siempre un "sí" a nuestros argumentos es desprenderse del ego y tener en mente la guerra y no la batalla individual. Si logras manejar estos elementos serás un gran negociador y podrás conseguir que tus interlocutores sean siempre receptivos a tus argumentos y pedidos, obteniendo mejores resultados y haciéndote de una gran lista de contactos que te valoran por tu trato. Incluso, si mantenemos firme nuestra postura inicial de convencer al otro de manera inteligente, a veces descubriremos que en perder una batalla puede hallarse la forma de ganar la guerra, porque hay contactos que valen más por lo que representan o con quienes pueden conectarnos que por su poder de decisión directo.

El llevarse bien con las personas apropiadas es

también un uso del lenguaje no verbal y descubrir con qué tipo de personalidades tenemos mayor afinidad es otro, pero no podremos aprovechar estos beneficios si cerramos nuestro lenguaje corporal. Una expresión abierta a las posibilidades es imprescindible para que las mismas se presenten.

Manten La Calma

No importa si la discusión se torna frustrante, que sientas que tus objetivos se distancian y se vuelven inalcanzables, jamás pierdas la calma y mucho menos te enojes. El demostrar rabia o enojo hará que pierdas toda posibilidad de lograr tus objetivos porque estarás atacando al ego de tu interlocutor y él reaccionará en igual medida, cerrándose en su decisión y privándote de toda vía de negociación.

A veces cuando tenemos que conocer a alguien las circunstancias no son las ideales. Llueve el día de la entrevista, el entrevistador se demora y nos deja esperando cuando teníamos otro compromiso, no nos dan la totalidad de su atención al hablarlos, estas cosas también pueden producir ira y frustración, pero el demostrar estas emociones sólo harán que la persona a la que deseamos agradarnos nos descarte como interlocutores. No se trata de ser sumiso a las circunstancias y no demostrar carácter, pero la autoridad, la confianza y la seguridad no van de la mano del enojo o de la ira. Uno puede demostrar firmeza sin necesidad de recurrir a explosiones emocionales y manejarse con altura en situaciones donde nuestro interlocutor no lo hace, esto lo hará poner en evidencia e intentará mejorar su perfil mejorando su trato. Demostrar inestabilidad emocional es de las peores cosas que podemos hacer al construir primeras impresiones, si el otro no tiene el trato profesional que esperamos —o que nuestro ego cree que merecemos— entonces nosotros debemos demostrar el doble del profesionalismo. Los puentes se construyen de ambos márgenes del río y, siempre, el único lado sobre el que tenemos real control es sobre el margen del río sobre el que estamos ubicados.

Mira A Los Ojos Y Sonríe

Vuelvo sobre este punto porque es realmente importante. El bajar la mirada dará una impresión de inseguridad y el no sonreír de ser arisco y antisocial. Mientras, que el mirar a los ojos y tener una sonrisa sincera pero no exagerada ayudará a crear confianza y camaradería.

Este punto es algo que es más fácil para las personalidades medias y modelos, porque es natural para ellas el ser lo suficientemente extrovertidos como para encontrarse con la mirada del otro, mientras que para las personalidades reservadas puede ser todo un reto. Para las personalidades reservadas que encuentran difícil mirar a las otras personas a los ojos, un buen truco es fijar la vista en un punto imaginario a mitad de la frente del interlocutor. De esta manera, crearán la impresión de estar mirándolo a los ojos y de sostener la mirada del otro, sin la incomodidad que les genera el tener que fijar la vista en otros ojos.

No Levantar La Voz

En cualquier discusión el tono de la misma se construye de a dos, pero si uno de los integrantes cree que para ser escuchado tiene que gritar, denosta que sus argumentos carecen de fundamento.

El subir el volumen nunca hará que se escuche más lo que dices, por el contrario, prueba bajar el volumen para hacer que el interlocutor tenga que acercarse a una distancia más íntima. Eso lo relajará e influencia subconscientemente en la forma en que te percibe, permitiendo que tus argumentos sean más escuchados que al gritar.

No Proyectar Amenaza

Nunca hay que confundir seguridad con agresividad. La seguridad es cómo nos plantamos como individuos, la amenaza un deseo de avanzar por sobre el otro. Lo primero implica confianza en el manejo de nuestro territorio y espacio, y lo segundo puede manifestar todo lo contrario, porque quien amenaza a los otros, subconscientemente, se siente amenazado e inseguro. Esto se observa bien en los animales, muchos perros son etiquetados de agresivos cuando en realidad son inseguros y, como consideran todo un ataque, están siempre en posiciones de amenaza a los demás.

Para convencer y dar una primera buena impresión es necesario demostrar tranquilidad y seguridad, lo cual queda anulado al dar una imagen amenazante. La seguridad es confianza y las personas con confianza no necesitan avanzar por sobre los otros para probar sus puntos, están firmes y seguros en sus convicciones.

Obsérvate

Así como es importante leer al interlocutor, nunca pierdas de vista tu propio lenguaje corporal. Debes prestar atención a tu uso del espacio, posición de las extremidades inferiores y superiores e identificar tus expresiones faciales. Esto se hará más fácil con el tiempo, pero en una presentación es de gran importancia mandar el mensaje adecuado, lo mismo que en una discusión.

Recuerda que siempre estamos emitiendo mensajes no verbales, asegúrate de que los que estés mandando a tu interlocutor sean los apropiados para la situación y consecuentes con tus intenciones.

Vístete acorde

Especialmente en las primeras impresiones, la ropa forma parte de nuestra presentación. La frase "vístete vulgar y solo verán el vestido, vístete elegante y verán a la mujer" de Coco Chanel puede aplicarse a todo el mundo, porque si una persona va mal vestida o vestida de manera poco apropiada para las circunstancias, hace que los otros se fijen exclusivamente en la ropa, pero si va bien vestida y de manera apropiada, sus interlocutores se fijarán en su mensaje y su personalidad. La ropa y la postura corporal constituyen la primera impresión que damos ante los demás. Las mismas deben dar una idea general de lo que deseamos transmitir pero no la totalidad del mensaje, especialmente la vestimenta debe ser moderada para que se escuche nuestro mensaje y el interlocutor se sienta a gusto hablando con nosotros. Es recomendable evitar las modas extremas para las primeras impresiones y optar por prendas acordes al ambiente en el cual deseamos desenvolvernos.

Conclusiones

Durante los capítulos anteriores hicimos un recorrido por las diferentes implicancias del lenguaje no verbal y los diferentes tipos de atención que debemos prestar para poder entenderlo de una manera profunda. Desarrollamos de manera somera y práctica el conocimiento científico de la materia, buscando que logres asimilar información fáctica sin descuidar lo que dicen tus instintos y tus percepciones subjetivas. Vimos la importancia el lenguaje no verbal tiene en la comunicación y cómo es que siempre, sin importar las circunstancias, estamos siendo bombardeados por información no verbal y compartiendo información de nosotros mismos. La intención es que después de leer este libro puedas ser un emisor consciente de lo que compartes con los demás y un lector atento de la información que los otros comparten contigo, así lograrás rápidamente cambiar la forma en la que te relaciones y gozar de los beneficios sociales de iniciarte en ser un lingüista del cuerpo. ¡Los cambios en tu vida social serán abismales!

Además, desarrollamos los grandes tipos de personalidades existentes y cómo identificarlas; esto ayudará también a que puedas asentarte mejor en el mundo social, reconociendo cuándo una persona tiene mala predisposición para contigo y cuándo es parte de su personalidad. A su vez, este conocimiento te servirá para elegir mejor las personas con las que te rodeas. Está comprobado por estudios científicos que las personas que nos rodean influencian irremediablemente en nuestras metas, logros e interacciones, y ya lo decía el viejo refrán "dime con quién andas y te diré quién eres". Al seleccionar mejor los individuos con quienes deseamos interactuar estaremos construyendo un mejor presente y futuro, personas potentes y con personalidades modelo a tu alrededor te impulsarán a perfeccionarte y alcanzar metas más altas.

En esta línea, tuvimos un capítulo específico para identificar a los "monos con hoja de afeitar" que te puedas cruzar en tu camino, donde desarrollamos las señales de alerta que debes poder reconocer para identificar a una persona nociva y que te permitirán cultivar relaciones más sanas y beneficiosas. Descubrir a las personas nocivas que te rodean antes de que sea demasiado tarde te ahorrará energía y dolores de cabeza, permitiéndote focalizar mejor tus energías en el crecimiento personal y en cultivar círculos sociales sanos y estimulantes. Los entornos nos nutren o desgastan, por eso es importante cuidar las relaciones cercanas que mantenemos. Si buscas poder aprovechar al máximo tu potencial, es importante elegir correctamente las personas de tu entorno. A veces es imposible elegir —una madre, un jefe, un compañero de trabajo o de estudio, no son susceptibles de cambio—, pero lo más peligroso de este tipo de personas es cuando desconocemos su naturaleza y nos manejamos engañados con respecto a ellos. Estar alerta y saber con quién resguardar tus emociones y energías te ayudará a desarrollarte más eficientemente.

También hicimos un recorrido completo del cuerpo y sus significados de manera práctica y clara, dividiendo este conocimiento en diferentes secciones para facilitar la comprensión. Tuvimos un capítulo dedicado a los miembros superiores —manos, brazos, codos, palmas y las acciones más comunes a realizar con ellos—, otro dedicado a los miembros inferiores —donde vimos los diferentes significados de la postura de los pies, las rodillas y las formas de sentarse—, y también vimos los microgestos del rostro y la importancia de algunas expresiones faciales como facilitadoras sociales, además de las características a las que debemos estar atentos para reconocer la sinceridad en nuestros interlocutores.

También vimos la importancia del espacio, de su administración y uso, las diferentes formas de conducta táctil y los mensajes que se envían con y sin necesidad del tacto. Esto es de suma importancia para que puedas moverte en diferentes ambientes —familia, amistades, trabajo— de manera eficiente, porque, si bien es algo instintivo, es también una poderosa herramienta de influencia y de construcción de vínculos. Un toque dice tantas cosas como una mirada, una palma expuesta, una sonrisa o, incluso, un discurso verborrágico lleno de palabras. El lenguaje verbal transmite mucho más de lo que la mayoría de las personas se da cuenta, por eso su importancia.

Más adelante en el texto, nos detuvimos en los errores más comunes al interactuar con los otros —las cosas que hacemos sin darnos cuenta y arruinan la imagen que proyectamos—, también cómo ser una persona asertiva y despertar la asertividad en los otros a la hora de dar una primera impresión o discutir. Le dedicamos tiempo a este punto, porque el paso más importante para ganar cualquier discusión, es predisponer a favor a nuestro interlocutor. Una persona a la que le caemos bien estará más inclinada a concordar con nosotros o, al menos, a llegar a un punto medio que una persona a la que nuestra presencia le resulta chocante o molesta.

Esta información permitirá que modifiques tus relaciones y tu posicionamiento social, la lingüística del cuerpo genera un mayor entendimiento del mundo que nos rodea y nos vuelve más que simples usuarios de nuestro cuerpo, nos transforma en comunicadores atentos e inteligentes.

Deseo que con esta información puedas reconfigurar tu forma de comunicarte, que logres entender a las personas que te rodean y dejes de sentirte como un extranjero que no habla el idioma en su propia casa. Es un camino transformador pero lleno de beneficios a nivel afectivo, laboral y social. Las personas que triunfan lo hacen porque conocen su propio lenguaje corporal y saben leer los mensajes no verbales en los otros.

Sun Tzu, antiguo filósofo, estratega chino y autor de *El Arte de la Guerra*, decía que "las oportunidades se multiplican a medida que se aprovechan", y nada abre más oportunidades que el aprender un nuevo idioma ¡más si este es universal! No existe en el mundo un lenguaje más extendido que el no verbal, porque, como estuvimos viendo y salvando las diferencias culturales, es algo inherente a la especie humana. La lingüística corporal es una oportunidad de abrirse camino en el mundo, de ganar aliados y alcanzar nuevas posiciones.

Cuando empecé a introducirte en este mundo, te conté la anécdota de mi consultante que nunca conseguía quedar en las entrevistas laborales porque se tapaba la boca. Ella tomó muy en serio el trabajo sobre su propio lenguaje no verbal y el de los otros, y hoy, no solo trabaja en la empresa a la que quería entrar, sino que tiene un puesto de gerencia y siempre trabaja con los empleados a su cargo teniendo en cuenta los mensajes no verbales que ellos le dan. Dice que su mundo cambió y que fue como activar el sonido de una película que erróneamente creía que era de cine mudo. Los actores de su vida empezaron a tener diálogos y cambió por completo la complejidad del mundo que la rodea, pero también ¡ella comenzó a entenderlo y a moverse como pez en el agua! No deseo que vivas en una película sin sonido o sin color, cuando las relaciones interpersonales están llenas de sonidos, colores y matices dados por el lenguaje del cuerpo y los mensajes no verbales.

Todos tenemos el talento para entender el lenguaje no verbal, es instintivo, pero la vida en sociedad, la cultura, el continuo bombardeo de mensajes verbales y de palabras escritas, hacen que la mayoría de las personas tengan esos instintos adormecidos.

Este libro es una llamada a despertar, puedes dejarlo sonar como una alarma sin prestarle atención, puedes posponer la alarma infinidad de veces o puedes abrir los ojos. El filósofo Sun Tzu —a quien nombramos recientemente—, te compelería a tomar la oportunidad, ya que aprovechar una oportunidad es abrirle la puerta a muchas otras, pero la decisión es tuya y las posibilidades de lo que puedes lograr con este conocimiento infinitas.

Cuando descubrí mi propia fascinación por el lenguaje no verbal y empecé a estudiar el tema, a prepararme, formarme y después a asesorar y formar a otros, nunca creí que me llevaría tan lejos como escribir un libro, dar seminarios y ser invitada a dar conferencias fuera de mi país. Desconocía, hasta que estuve inmersa en este nuevo mundo, el poder transformador que tendría en mí y en las personas alrededor mío. Es posible rearmar una vida en cualquier punto que se encuentre y hay conocimientos transformadores que sacuden las bases de nuestras preconcepciones y nos abren los ojos a nuevos horizontes. Recuerda, la próxima vez que hables con alguien o te pongas a observar tu propia postura corporal, que todo camino empieza con un primer paso. No tiene que ser grande, pero ese paso tiene que tener la energía intrínseca latente para llevarnos muy lejos, y el adquirir un nuevo conocimiento siempre es un paso en la dirección correcta. La lingüística del cuerpo es un paso con el potencial de llevarte más lejos de lo que nunca imaginaste, es uno de esos conocimientos que cambiarán todo lo que creías conocer si le dedicas suficiente estudio y logras dominarla como el primer lenguaje que realmente es.

Antes de poner palabras en nuestras bocas, antes de formar oraciones gramaticalmente complejas y expresar nuestros sentimientos con sonidos que conforman fonemas. Mucho antes de que entendamos de conjugaciones verbales, tiempos verbales como el indicativo y el subjuntivo, y previo a que nos enseñen otras características propias del lenguaje verbal oral y escrito, todos hablamos un mismo lenguaje primigenio, instintivo y cuasi genético, uno conformado por instintos viscerales que siguen moviendo lo más profundo de nuestro ser como especie: las emociones y el cuerpo.

Esa unidad nos define como especie, porque

antes de tener cultura, de tener conocimiento escrito, de tener libros sobre cada tema imaginable bajo el sol, de dividir el conocimiento en secciones y volvernos cada uno especialista de una sola sección, olvidando la imagen global del intercambio social, y de perdernos como especie en nuestras diferencias idiomáticas y culturales, todos estábamos unidos por el cuerpo y sus mensajes y, rescatando ese conocimiento ancestral y primigenio, es que lograremos entender mejor a los demás y a nosotros mismos, mejorando así nuestra vida y la de los que nos rodean al poder ser comunicadores eficientes, dejar de rodearnos de personas nocivas y descubrir las mejores formas de agradar y convencer.

Bienvenido, te invito a observar el mundo que te rodea con los ojos abiertos, a crecer como emisor y receptor del lenguaje del cuerpo, a disfrutar de los beneficios que brinda el poder hablar el mismo idioma con las otras personas —aunque no todas sean conscientes de que lo hablan—, a no dejarte influenciar por lo que antes te pasaba desapercibido y a identificar la infinidad de mensajes no verbales que componen el tejido social en el que te has movido toda tu vida y que define nuestra existencia.

Un afectuoso saludo,

Leticia Caballero.